Quick Guide

Reihe herausgegeben von
Springer Fachmedien Wiesbaden,
Wiesbaden, Deutschland

Quick Guides liefern schnell erschließbares, kompaktes und umsetzungsorientiertes Wissen. Leser erhalten mit den Quick Guides verlässliche Fachinformationen, um mitreden, fundiert entscheiden und direkt handeln zu können.

Sebastian Petrov

Quick Guide Employer Branding für Konzerne

Wie Sie Mitarbeiter von sich überzeugen und langfristig halten

Sebastian Petrov
seosupport GmbH
Berlin, Deutschland

ISSN 2662-9240　　　　　　　ISSN 2662-9259 (electronic)
Quick Guide
ISBN 978-3-658-37412-9　　　ISBN 978-3-658-37413-6 (eBook)
https://doi.org/10.1007/978-3-658-37413-6

Die Deutsche Nationalbibliothek verzeichnet diese Publikation in der DeutschenNationalbibliografie; detaillierte bibliografische Daten sind im Internet über http://dnb.d-nb.de abrufbar.

© Der/die Herausgeber bzw. der/die Autor(en), exklusiv lizenziert an Springer Fachmedien Wiesbaden GmbH, ein Teil von Springer Nature 2022
Das Werk einschließlich aller seiner Teile ist urheberrechtlich geschützt. Jede Verwertung, die nicht ausdrücklich vom Urheberrechtsgesetz zugelassen ist, bedarf der vorherigen Zustimmung des Verlags. Das gilt insbesondere für Vervielfältigungen, Bearbeitungen, Übersetzungen, Mikroverfilmungen und die Einspeicherung und Verarbeitung in elektronischen Systemen.
Die Wiedergabe von allgemein beschreibenden Bezeichnungen, Marken, Unternehmensnamen etc. in diesem Werk bedeutet nicht, dass diese frei durch jedermann benutzt werden dürfen. Die Berechtigung zur Benutzung unterliegt, auch ohne gesonderten Hinweis hierzu, den Regeln des Markenrechts. Die Rechte des jeweiligen Zeicheninhabers sind zu beachten.
Der Verlag, die Autoren und die Herausgeber gehen davon aus, dass die Angaben und Informationen in diesem Werk zum Zeitpunkt der Veröffentlichung vollständig und korrekt sind. Weder der Verlag, noch die Autoren oder die Herausgeber übernehmen, ausdrücklich oder implizit, Gewähr für den Inhalt des Werkes, etwaige Fehler oder Äußerungen. Der Verlag bleibt im Hinblick auf geografische Zuordnungen und Gebietsbezeichnungen in veröffentlichten Karten und Institutionsadressen neutral.

Planung/Lektorat: Imke Sander
Springer Gabler ist ein Imprint der eingetragenen Gesellschaft Springer Fachmedien Wiesbaden GmbH und ist ein Teil von Springer Nature.
Die Anschrift der Gesellschaft ist: Abraham-Lincoln-Str. 46, 65189 Wiesbaden, Germany

Vorwort

Der Fachkräftemangel in Deutschland hat viele Konzerne dazu gezwungen, nicht nur nach außen zu agieren, sondern ihren Blick nach innen zu richten und den Finger in die Wunde zu legen. Warum ist die Mitarbeiterfluktuation so hoch? Warum fällt es uns so schwer, geeignete Fachkräfte zu finden? Was können wir tun, um bestehende Mitarbeiter an unser Unternehmen zu binden? Auf all diese Fragen kennt das Employer Branding die richtige Antwort.

Employer Branding ist längst kein Modewort mehr und auch kein Trend, der schon irgendwie vorübergehen wird. Vielmehr ist es der Weg, der Sie sicher in die Zukunft führt mit motivierten Mitarbeitern, die sich mit ihrem Arbeitsplatz identifizieren und Abwerbungsversuchen der Wettbewerber standhalten können.

Das Ziel einer guten Employer-Branding-Strategie besteht darin, eine emotionale Verbundenheit der Mitarbeiter zu ihrem Unternehmen herzustellen, die sie dann auch über eventuelle Krisenzeiten trägt. „Den guten Steuermann lernt man erst im Sturm kennen, den guten Soldaten erst in der Schlacht." [Lucius Annaeus Seneca].

Das Bewusstsein dafür, wie wichtig es ist, eine Unternehmenskultur zu haben, die nach innen gelebt und nach außen kommuniziert werden kann, hat nur sehr langsam die Konzernlandschaft in Deutschland durchdrungen. Es wurde als Luxusgut und Kostenfaktor wahrgenommen, als

Nice-to-have. Stattdessen ist Employer Branding das Samenkorn, das gepflanzt werden muss, damit später ein großer Baum daraus wachsen kann.

Was Konzerne zum Umdenken gezwungen hat, warum auch Sie Employer Branding brauchen, um zukunfts- und wettbewerbsfähig zu bleiben und wie Sie durch eine gute Employer-Branding-Strategie dann auch die besten Fachkräfte am Markt von sich überzeugen können, lesen Sie in diesem Buch.

Ihr Sebastian Petrov

Hinweis zur Gender-Regelung

Ich verwende aus Gründen der Lesbarkeit generell die männliche Form, spreche aber selbstverständlich mit jeder Zeile alle Leser und Leserinnen dieses Buches an.

Inhaltsverzeichnis

1	**Grundlagen**	1
1.1	Was ist Employer Branding?	2
1.2	Ein Blick zurück: Wie kam das Thema Employer Branding auf den Plan?	3
1.3	Warum gibt es einen Fachkräftemangel auf dem Arbeitsmarkt?	5
1.4	Was ist ein „guter Mitarbeiter"?	6
1.5	Die 360-Grad-Studie zum Thema Employer Branding	7
	1.5.1 Welche Umstände halten Bewerber von einer Bewerbung ab?	8
	1.5.2 Was erwarten Mitarbeiter heute von einem Unternehmen	9
	1.5.3 So ticken die Generationen Y und Z	9
1.6	Warum brauchen Konzerne eine Arbeitgebermarke?	11
	1.6.1 Vorteile von Employer Branding	11
	1.6.2 Worauf es beim Employer Branding ankommt	14
1.7	Die größten Irrtümer: Was Employer Branding nicht ist	15
	1.7.1 Employer Branding ist Personalmarketing	15
	1.7.2 Wir können uns eine Employer-Branding-Strategie entwickeln lassen	15
	1.7.3 Employer Branding bringt kein Geld	16

Inhaltsverzeichnis

1.8	Die Rolle der Branche beim Employer Branding	16
1.9	Kosten vs. Nutzen: Kann sich Employer Branding in Konzernen rentieren?	17
Literatur		21

2 Herausforderung Employer Branding in Konzernen — 23
  2.1 Best Case: Die adidas-Kampagne zur Mitarbeiterakquise in Herzogenaurach — 24
  2.2 Größerer Druck auf Konzernen bei der Mitarbeitersuche — 25
  Literatur — 26

3 Gründe für Employer Branding in Konzernen — 27
  3.1 Interne Gründe — 28
  3.2 Externe Faktoren — 31
  Literatur — 33

4 Zieldefinition: Was wollen Sie mit Employer Branding erreichen? — 35
  4.1 High Potentials gewinnen — 36
  4.2 Steigerung Ihrer Attraktivität als Arbeitgeber — 36
  4.3 Steigerung der Mitarbeiterbindung — 37
  Literatur — 38

5 Den Ist-Zustand ermitteln — 39
  5.1 Wie nehmen Mitarbeiter ihren Arbeitgeber wahr? — 40
  5.2 Was sind die Stärken und Schwächen Ihres Konzerns? — 42
  5.3 Was bieten Sie Bewerbern? — 43
  5.4 Warum haben Bewerber einen Arbeitsvertrag nicht unterschrieben? — 43
  5.5 Wie sind Ihre Mitbewerber in Bezug auf ihre Employer-Branding-Strategie aufgestellt? — 43
  Literatur — 44

Inhaltsverzeichnis IX

6 Die Employer Value Proposition — 45
6.1 Warum braucht ein Konzern eine Employer Value Proposition? — 46
6.2 Zielgruppenfokus und Authentizität: Das sollten Sie im Hinterkopf haben — 46
6.3 Entwicklung der Employer Value Proposition: Ein komplexer Prozess — 47
6.4 Wie kann man die eigene EVP am besten messen? — 51
Literatur — 52

7 Employer Branding und Recruiting in Konzernen — 53
7.1 Die Candidate Journey & Candidate Experience — 54
    7.1.1 Suchen und Finden eines Arbeitgebers — 54
    7.1.2 Die erste Kontaktaufnahme — 55
    7.1.3 Den Kandidaten überzeugen — 56
    7.1.4 Den Bewerbungsprozess gestalten — 57
    7.1.5 Die Einladung zum Vorstellungsgespräch — 58
    7.1.6 Der Arbeitsvertrag — 59
7.2 Fachkräfte am Standort werben — 60
7.3 Die Gestaltung von Employer-Brand-Stellenanzeigen — 61
7.4 E-Recruiting — 62
    7.4.1 Die Karriereseite — 62
    7.4.2 Mobiloptimierung — 63
    7.4.3 Recruiting-Videos — 64
    7.4.4 HR-SEO: Sich als Arbeitgeber finden lassen — 65
    7.4.5 Einbindung neuer Werbeformate — 66
7.5 Recrutainment — 68
7.6 Corporate Influencer für sich gewinnen — 69
7.7 Bewerber-Pools aufbauen — 70
7.8 Open Hiring — 72
Literatur — 73

8 Personalmarketing & Personalmanagement — 75
8.1 Der Umgang mit Azubis im Konzern — 76
8.2 Bildungsangebote schaffen — 77

8.3	Job Rotation	77
8.4	Talent Management	79
Literatur		80

9 Maßnahmen und Strategien im Employer Branding — 81
- 9.1 Internes Employer Branding — 82
  - 9.1.1 Warum emotionale Bindung Kosten spart — 82
  - 9.1.2 Moderne Arbeitsplatzgestaltung — 84
  - 9.1.3 Moderne Führungskultur — 85
  - 9.1.4 Moderne Unternehmenskultur — 85
  - 9.1.5 Incentive-Reisen & Barcamps — 87
  - 9.1.6 Gesundheitsmanagement — 88
  - 9.1.7 Interne Kommunikation — 89
  - 9.1.8 Jobsicherheit — 91
  - 9.1.9 Der Trend: Clubhouse — 93
- 9.2 Externes Employer Branding — 93
  - 9.2.1 Pressearbeit — 94
  - 9.2.2 Social Media & Community Management — 95
  - 9.2.3 Arbeitgeberbewertungen — 97
  - 9.2.4 Hochschulmarketing — 98
  - 9.2.5 Der Trend im Employer Branding: das grüne Unternehmen — 99
- Literatur — 101

Schlusswort — 103

Über den Autor

Sebastian Petrov leitet seit 2006 den Digital-Dienstleister seosupport mit Agenturstandorten in Berlin und München. Zu den Kunden gehören Unternehmen im KMU-Bereich, Fortune-500-Firmen und führende DAX-Konzerne bis hin zu internationalen Großunternehmen. Mit dem Ziel digitale Vermarktungsstrategien für webbasierten Verkauf in die jeweilige Firmenkultur zu integrieren, berät er mit seinem 40-köpfigem Team Kunden dabei, mehr Umsatz über das Internet zu generieren und ihre Markenbekanntheit zu erhöhen. Petrov ist Experte für Suchmaschinenoptimierung, Online-Reputation, Employer Branding, Performance Marketing und digitale Unternehmenspositionierung. Er hält Vorträge für zahlreiche Organisationen sowie Unternehmen und ist als Online-Marketing-Pionier der ersten Stunde einer der versiertesten Branchenexperten deutschlandweit. Zudem unterstützt er als Lehrbeauftragter bei universitären Veranstaltungen und Vorlesungen angehende Online-Marketer. Als Co-Gründer und Business Angel ist er an verschiedenen Start-ups und Unternehmen beteiligt.

1

Grundlagen

> **Was Sie aus diesem Kapitel mitnehmen**
>
> - Was Employer Branding ist
> - Warum Konzerne langfristig nicht ohne eigene Arbeitgebermarke auskommen
> - Was Arbeitnehmer heute von einem Arbeitsplatz erwarten
> - Wie große Unternehmen von einer professionellen Employer-Branding-Strategie profitieren
> - Welche Irrtümer noch immer über das Employer Branding kursieren und wie sie sich entkräften lassen

Fachkräftemangel, demografischer Wandel und veränderte Bedürfnisse einer neuen Arbeitnehmergeneration: Konzerne müssen im 21. Jahrhundert mehr denn je einen Weg finden, inmitten dieser Herausforderung Mitarbeiter zu gewinnen. Talente und Experten sind heute mehr gefragt denn je, weil sie der Motor sind, der große Unternehmen in die Zukunft steuert. Es hat sich ein merklicher Wandel vollzogen. Während Bewerber noch vor einigen Jahren demütig Anschreiben und Lebensläufe an die

Personalabteilungen versendeten in der großen Hoffnung, zum Vorstellungsgespräch eingeladen zu werden, suchen sich heute zunehmend die Kandidaten selbst ihre Arbeitsplätze aus und nehmen dabei die potenziellen Arbeitgeber genau unter die Lupe.

Bei der Besetzung offener Stellen steht heute die Frage im Fokus: Welchen Anreiz bietet mir dieser oder jener Arbeitgeber dafür, dass ich einen Arbeitsvertrag unterschreibe? Der Recruiting-Prozess beginnt nicht erst damit, möglichst viele Stellenanzeigen zu schalten, sondern sehr viel früher. Viele Konzerne machen heute noch den großen Fehler, sehr viel Geld für Recruiting-Maßnahmen in die Hand zu nehmen, Headhunter einzusetzen und ihre Erfolge anhand der Anzahl neuer Mitarbeiter zu messen. Employer Branding geht aber wesentlich weiter, denn es geht nicht nur darum, neues Personal zu gewinnen, sondern auch darum, dieses langfristig an sich zu binden. Wer sich eine positive, authentische Arbeitgebermarke aufbaut, braucht im besten Fall überhaupt kein Geld mehr für Stellenanzeigen & Co. auszugeben, denn die Bewerber kommen dann von ganz allein.

1.1 Was ist Employer Branding?

Employer Branding hat viele Facetten, die weit darüber hinaus gehen, sich nur als attraktiven Arbeitgeber zu positionieren. Der Blick richtet sich – und jetzt mag es dem einen oder anderen bereits ein wenig Schmerzen bereiten – nicht primär auf die großartige Karriereseite, die exzellent formulierten Stellenanzeigen oder den innovativen Bewerbungsprozess. Vielmehr muss zunächst der Finger in die Wunde gelegt werden und die interne Struktur, das Personalmanagement, das Image innerhalb des Konzerns und die Qualitäten der Führungskräfte müssen analysiert und wenn nötig optimiert werden. Das ist ein bisschen so, wie sich bei vollem Bewusstsein auf den OP-Tisch zu legen, um sich am offenen Herzen operieren zu lassen.

Das Thema Employer Branding erfordert Mut auf allen Ebenen. Die Geschäftsführung muss sich in die Karten gucken lassen und den Mut aufbringen, neue Wege zu gehen und die Sache mit dem Personal ganz neu zu denken. Mitarbeiter müssen diesem neuen Weg Vertrauen entgegenbringen und sich darauf einlassen, dass auch sie plötzlich eine Stimme haben, die gehört wird. Darf man dem Chef sagen, dass gerade etwas nicht so gut läuft? Darf ich auf Facebook Einblicke in meinen Arbeitsalltag geben? Werde ich gefeuert, wenn ich auf dem Feedbackbogen nur 1 von 5 Sternen vergebe?

Employer Branding ist für Unternehmen so, wie eine große Reise zu unternehmen, ohne genau zu wissen, wo diese am Ende hinführt. Es gibt auf den ersten Blick keine einfache Rechnung, bei der Kosten dem Nutzen gegenüberstehen. Umso schwerer fällt es der Führungsetage häufig, sich zu entscheiden, genau jetzt einen Veränderungsprozess auf den Weg zu bringen. Die Entscheidung wird vertragt, bis irgendjemand mal wieder das Thema Employer Branding auf die Agenda des Meetings setzt und Für und Wider gegeneinander abgewogen werden.

Machen Sie sich eines bewusst: Während Sie Ihre Entscheidung vertagen, sind Ihre Mitbewerber vielleicht mitten im Prozess, sich neu zu definieren, eine starke Arbeitgebermarke aufzubauen und sich damit interessant zu machen für die High Potenzials. Sie haben jetzt die Wahl, ob Sie weiter warten, Zeit und Energie in teure Recruiting-Prozesse und Fluktuation investieren wollen oder ob Sie jetzt damit beginnen wollen, sich auf den OP-Tisch zu legen. Ich begleite Sie mit diesem Buch ein Stück weit auf dieser Reise und gebe Ihnen in diesem Kapitel einen Einblick in die wichtigsten Grundlagen des Employer Brandings.

1.2 Ein Blick zurück: Wie kam das Thema Employer Branding auf den Plan?

Im Jahr 1996 kam zum ersten Mal der Begriff des Employer Brandings auf den Markt. Tim Ambler, ein britischer Organisationstheoretiker und Simon Barrow, ein praktischer Theologe und NGO-Berater, der vorrangig in der Erwachsenenbildung tätig war, prägten diesen Begriff. Damals war es lediglich ein Impuls auf die Veränderungen des Arbeitsmarktes, die bereits von einigen großen Firmen mit einiger Sorge beobachtet wurden.

Bislang waren die einzelnen Disziplinen noch streng voneinander getrennt. Es gab jemanden im Unternehmen, der sich um das Marketing kümmerte und einen anderen Verantwortlichen für das Personalmanagement und die Einstellung neuer Mitarbeiter. Plötzlich kam die Idee auf, dass beide Disziplinen voneinander profitieren können, wenn man sie miteinander verknüpft. Im Jahr 1996 war dies noch wie eine kleine Zeitreise oder die Behauptung, die Erde würde sich um die Sonne drehen und nicht das Zentrum des Universums sein. Man bekam plötzlich eine Ahnung davon, wie wichtig es in näherer Zukunft sein könnte, Fach- und Führungskräfte für das eigene Unternehmen zu gewinnen. Durch den technischen Fortschritt und die ersten Meilensteine im Bereich der Digitalisierung wurde dieses Bewusstsein noch weiter verstärkt.

Im Jahr 1997 kam eine McKinsey-Studie heraus unter dem prägnanten Titel „War of Talents". Dieses geflügelte Wort hat mittlerweile Eingang in den Sprachgebrauch gefunden und wird bis heute verwendet. Im Kern ging es darum, dass nicht nur rein quantitative Anreize wie das Gehalt oder die Anzahl der Urlaubstage Mitarbeiter in ein Unternehmen locken, sondern auch immaterielle Werte wie die Zufriedenheit mit dem Arbeitsplatz oder die Möglichkeiten der Weiterentwicklung. Der Autor Steven Hankin setzte sich in der Studie mit den Problemen auseinander, die Unternehmen mittlerweile bei der Suche nach geeigneten Bewerbern haben. Dabei ging es hauptsächlich um die Suche nach High Potentials – Ingenieuren und IT-Fachkräften. Es betraf zu diesem Zeitpunkt hauptsächlich die großen Konzerne und Organisationen, die jährlich zahlreiche Stellen neu besetzen mussten. Heute gibt es kaum noch ein Unternehmen, das nicht von dieser Entwicklung betroffen ist und nach guten Mitarbeitern händeringend suchen muss.

Sie werden heute auf eine breite Zustimmung stoßen, wenn Sie die Behauptung aufstellen, dass nur attraktive Arbeitgeber auch attraktive Mitarbeiter finden – und dies ist natürlich nicht auf das optische Erscheinungsbild bezogen, sondern auf die Qualifikation, die Motivation und viele weitere Persönlichkeitsfaktoren, die einen „guten Mitarbeiter" ausmachen. Der Frage, was ein guter Mitarbeiter ist und um wen es bei der Stellenbesetzung eigentlich geht, beantworten wir in einem der folgenden Kapitel. Schlussendlich bleibt die Erkenntnis an dieser Stelle, dass wir nicht dabei stehenbleiben können, dass die Erde – oder Ihr Konzern – Mittelpunkt des Universums ist. Sie müssen nach neuen, zukunftsweisenden Wegen suchen, mehr Leuchtkraft zu gewinnen auf dem Arbeitsmarkt.

1.3 Warum gibt es einen Fachkräftemangel auf dem Arbeitsmarkt?

Allein der demografische Wandel zeigt uns auf, dass sich etwas verändert und dass diese Veränderung alle gesellschaftlichen Bereiche betrifft – auch und vor allem den Arbeitsmarkt. Die Gesellschaft altert. Gestandene, erfahrene Mitarbeiter gehen in Rente und verlassen damit den Arbeitsmarkt, während der Nachwuchs nur sehr zäh nachfließt, um diese Lücke zu schließen. Vorausrechnungen schätzen, dass im Jahr 2060 das Verhältnis zwischen Rentnern und Erwerbstätigen etwa zweimal so hoch sein wird wie heute. Das bedeutet, dass wesentlich weniger Experten für eine Stelle überhaupt auf dem Markt sind, die sich tendenziell auch noch einer größeren Zahl an Mitbewerbern gegenüberstehen sehen. Erst seit 2009 ist wieder ein leichter Anstieg der Geburtenrate zu verzeichnen. In vielen Branchen mangelt es erheblich an einem qualifizierten Nachwuchs. Parallel gibt es zwar die Tendenz, dass auch die Lebensarbeitszeit steigt, was aber den Mangel an geeignetem Personal in vielen großen Unternehmen nicht ausgleichen kann.

Hinzu kommt, dass Jobs immer spezialisierter werden. Während früher die Marketingabteilung aus einer Person bestand, die Pressemitteilungen geschrieben, Flyer gestaltet und auch das Internet betreut hat, kann man daraus heute locker eine 20 Mann starke Abteilung machen, in der Spezialisten die einzelnen Disziplinen in einer 60-Stunden-Arbeitswoche voll ausfüllen. Im Zuge der Digitalisierung verschwimmen die Grenzen zwischen Städten, Ländern und Kontinenten immer mehr. Dadurch steigt auch der Wettbewerb um Fachkräfte immer weiter an. Es ist in vielen Branchen heute problemlos möglich, im Homeoffice zu arbeiten und aus Menschen aus der ganzen Welt ein Team zu machen. Nötig ist dafür nur noch eine funktionierende Internetverbindung. Wenn nun eine qualifizierte Fachkraft aus Gummersbach einen Job sucht, kommen nicht mehr nur die umliegenden Firmen dafür infrage. Theoretisch kann sich dieser Kandidat auch in einem Unternehmen in Taiwan bewerben und remote arbeiten. Dadurch steigt aber auch der Druck der Gummersbacher Unternehmen, sich für diesen Arbeitnehmer – der Chancen auf der ganzen Welt hat – interessant zu machen.

Neben den demografischen Veränderungen kommt es zunehmend auch zu einer Verschiebung in der Bedeutung der einzelnen Wirtschaftsbereiche. Während früher der produzierende Sektor wie die Landwirtschaft, der Bergbau sowie Industrie und Gewerbe den größten Anteil an der Wirtschaftskraft hatte, stehen heute vor allem die Dienstleistungen und der Technologiesektor im Fokus. Hier ist also der Bedarf an qualifiziertem Nachwuchs exponentiell gestiegen und steigt bis heute schneller an, als überhaupt Fachkräfte ausgebildet werden können.

1.4 Was ist ein „guter Mitarbeiter"?

In diesem Buch soll es darum gehen, Mitarbeiter zu gewinnen, Personal im Unternehmen zu halten und perspektivisch als Arbeitgeber so attraktiv zu werden, dass die Kosten und die Zeit für das Recruiting merklich reduziert werden. Daher sollte auch die wichtige Frage beantwortet werden, was denn überhaupt einen guten Mitarbeiter ausmacht. Wer ist dieser Mensch, der hier gewonnen werden soll?

Welche konkreten Talente und Fähigkeiten ein Mitarbeiter mitbringen muss, ist natürlich in jedem Konzern ganz unterschiedlich und hängt von der jeweiligen Stellenbeschreibung ab. Allerdings gibt es über diese Fähigkeiten hinaus wichtige Eigenschaften und Werte, die ein Mitglied im Team mitbringen sollte. Insbesondere in Konzernen besteht die große Herausforderung darin, dass der Geschäftsführer sich nicht persönlich um jeden Mitarbeiter kümmern kann und auf seine Führungsteams vertrauen muss. Es gibt eine hierarchische Struktur, in der – ähnlich wie in einem Ameisenbau – jeder seine Aufgabe verlässlich erfüllen muss, damit das System am Ende funktioniert. Während es in kleinen und mittelständischen Unternehmen noch möglich ist, einen Eindruck von jedem Teammitglied zu bekommen, ist dies in Konzernen nicht mehr für jeden möglich. Umso wichtiger ist es, gleich von vornherein „gute" Mitarbeiter einzustellen, auf die Sie sich verlassen können.

Zu den wichtigsten Eigenschaften eines guten Mitarbeiters gehört Loyalität. Wenn Sie Ihre Employer-Branding-Strategien darauf ausrichten, Ihre Mitarbeiter langfristig an das Unternehmen zu binden, brauchen Sie Loyalität. Ob ein Mitarbeiter loyal ist oder nicht, hängt dabei aber nicht nur von seinen persönlichen Charaktereigenschaften ab, sondern auch davon, ob Sie sich als Arbeitgeber diese Loyalität verdienen. Nur wenn Ihr Mitarbeiter loyal ist, ist er auch resistent gegenüber den Abwerbungsversuchen der Konkurrenz.

Eine zweite, wichtige Eigenschaft ist die Selbstständigkeit des Mitarbeiters. Moderne Führungskonzepte zielen darauf ab, dass jeder Mitarbeiter so viel Verantwortung für seinen Aufgabenbereich wie möglich bekommt und sich nicht bis zur Geschäftsführung durchfragen muss, um einen Kugelschreiber zu bestellen. Wer eigenverantwortlich arbeiten darf, der entwickelt auch eine maximale Selbstständigkeit für seinen Verantwortungsbereich im Unternehmen.

Eine dritte, wesentliche Fähigkeit wertvoller Mitarbeiter ist ihre Networking-Kompetenz. Kaum ein Unternehmen arbeitet abgekoppelt von anderen Firmen. Es gibt Kunden, Zulieferer, Geschäftspartner. Networker arbeiten nicht für sich in einem fensterlosen Büro mit Scheuklappen vor den Augen an einem Word-Dokument, sondern zeigen auch Interesse an ihren Kollegen. Sie sind offen für Feedback und Vorschläge und stellen neue, wertvolle Kontakte für das Unternehmen her.

Die Liste der wichtigsten Eigenschaften dessen, was einen guten Mitarbeiter ausmacht, ließe sich noch beliebig fortführen. An dieser Stelle wollte ich Ihnen nur einen Impuls dafür geben, dass sich auch die Erwartungen des Arbeitgebers an seine Mitarbeiter merklich verändern. Während früher rein nach Leistung beurteilt wurde, rücken heute vor allem auch die persönlichen Kompetenzen und die sogenannten „weichen Faktoren" in den Mittelpunkt.

1.5 Die 360-Grad-Studie zum Thema Employer Branding

Die Plattformen karriere.at und MARKETAGENT.COM haben gemeinsam eine 360-Grad-Studie[1] zum Thema Employer Branding erstellt und darin unter anderem untersucht, was sich Bewerber von Unternehmen wünschen. Dazu haben sie insgesamt 1004 Interviews mit Per-

---

[1] Schwabl, T.: 360 Grad Studie: Employer Branding. https://www.karriere.at/f/Employer_Branding_Studie.pdf. Zugegriffen: 10. Dezember 2021.

sonen zwischen 18 und 65 Jahren geführt. Auch wenn die Studie bereits aus dem Jahr 2015 stammt, zeigt sie doch, wie sehr das Thema bereits die gesamte Wirtschaft betrifft.

Die Ergebnisse dieser Studie unterstützen die Erkenntnis, wie relevant das Employer Branding geworden ist. Nur 2,2 % der Befragten beschäftigen sich vor einer Bewerbung überhaupt nicht mit dem Unternehmen, während sich alle anderen mehr oder weniger intensiv Informationen einholen.

1.5.1 Welche Umstände halten Bewerber von einer Bewerbung ab?

In der Studie wurde die Frage gestellt, aus welchen Gründen sich ein Kandidat gegen eine Bewerbung bei einem Unternehmen entscheiden würde. Das waren die häufigsten Antworten:

- Das Unternehmen wirkt unseriös
- In der Stellenanzeige ist der Name nicht erkennbar
- Das Unternehmen wirkt unsympathisch
- Der Bewerber kann sich mit dem Unternehmen nicht identifizieren
- Das Gehalt liegt unter den eigenen Vorstellungen
- Fehler im Anzeigentext
- Keine authentische Darstellung des Unternehmens
- Die Arbeitszeiten entsprechen nicht den Vorstellungen
- Der Firmensitz ist nicht ersichtlich
- Es gibt keine Angaben zur Bezahlung
- Die Firmenbeschreibung ist unzureichend
- Zu hohe Anforderungen

Gleichzeitig wurde die Frage gestellt, was sich die Kandidaten denn in Bezug auf das Recruiting und den ersten Kontakt mit einem Unternehmen wünschen würden. Ganz oben auf der Wunschliste standen eine ansprechende Unternehmenswebseite und die authentische Kommunikation des Leitbildes. Dies wünschten sich im Jahr 2015 immerhin 21,6 % und ich brauche nicht in die Glaskugel zu schauen, um zu erahnen, dass dieser Prozentsatz mittlerweile sehr viel höher sein dürfte.

1.5.2 Was erwarten Mitarbeiter heute von einem Unternehmen

Wenn im vorherigen Kapitel die Frage gestellt und beantwortet wurde, was ein guter Mitarbeiter ist, dann muss konsequenterweise auch die Frage gestellt werden, was Mitarbeiter heute von ihrem Arbeitgeber erwarten. Die Bedürfnisse und Erwartungen haben sich im letzten Jahrzehnt stark verändert. Wer heute die eigenen Großeltern danach befragt, was ihnen bei der Suche nach einem Arbeitsplatz wichtig war, wird vermutlich Antworten wie Sicherheit, das Gehalt oder auch die Nähe zum eigenen Haus hören. Heute dagegen schauen die Bewerber mindestens ebenso genau auf Werte wie ein gutes Betriebsklima oder die Gestaltung und Einrichtung des Arbeitsplatzes.

Natürlich spielt auch noch immer das Gehalt eine Rolle. Es geht mir an dieser Stelle darum aufzuzeigen, dass mit einem hohen Gehalt allein heute kein Mitarbeiter mehr geködert und langfristig gehalten werden kann. Die eigenen Bedürfnisse und das Wohlbefinden am Arbeitsplatz rücken stattdessen in den Vordergrund, ebenso wie immaterielle Dinge wie eine besondere Wertschätzung. Vertrauen und eine gute Arbeitsatmosphäre sind Eckpfeiler im Aufbau einer Employer-Branding-Strategie.

Es müssen für Mitarbeiter Identifikationsmöglichkeiten geschaffen werden. Wer sich mit dem, was das Unternehmen macht und wie es in seinem Kern arbeitet, identifizieren kann, der bleibt auch standhaft gegenüber den Abwerbungsversuchen der Konkurrenten. Stellen Sie sich den Konzern an dieser Stelle wie eine große Familie vor, in der jeder wertvoll ist und wertgeschätzt wird.

1.5.3 So ticken die Generationen Y und Z

Wenn wir heute über High Potentials und Fach- und Führungskräfte sprechen, dann sprechen wir oft über Menschen, die zwischen 1980 und 1990 geboren wurden. Sie sind – anders noch als ihre Eltern – zusammen mit der Digitalisierung gewachsen und waren bereits in frühen Jahren schon digital unterwegs. Die Generation Y hat auf dem Arbeitsmarkt oft ein schlechtes Image. Man sagt ihnen nach, dass sie eher Traumtänzer seien, wenig Engagement zeigten und sehr sprunghaft seien, man spricht auch von der „Generation me". Menschen aus der Generation Y seien sehr Ich-bezogen und interessierten sich weniger für gesellschaftliche Belange. Außerdem zeigen sie sich weniger verbunden mit ihrem Arbeitgeber.

Diese Attribute mögen tatsächlich auf einige Millennials zutreffen, aber generell bringen sie wichtige Eigenschaften mit, die auf dem Arbeitsmarkt heute mehr denn je gefragt sind. Sie sind digitale Nerds, die sich sehr schnell in neue Programme und Arbeitsabläufe einarbeiten können, sind demnach auch sehr flexibel einsetzbar. In der Generation Y ist der Anteil der Abiturienten sehr hoch.

Die Generation Z sind die Post-Millennials, auch „Generation Greta" genannt, die je nach Autor zwischen 1995 und 1999 geboren wurden. Sie sind noch aufständischer und setzen sich laut und intensiv für ihre persönlichen Wünsche und Ziele ein. Sie haben andere Werte und Erwartungen, wenn sie sich für eine Stelle bewerben – darauf muss sich auch der Arbeitsmarkt einstellen. Die „Digital Natives 2.0" können sich ein Leben ohne Medien und Internet nicht mehr vorstellen. Daher suchen sie auch vorrangig nach Stellen auf dem Arbeitsmarkt, bei denen sie diese Affinität mit ihren Karrierezielen vereinbaren können. Sie zeigen sehr viel Neugierde und gelten als etwas aufgeschlossener als ihre Vorgänger. Während die Generation Y noch dem klassischen Karrieremodell angehaftet war, das ihnen ihre Eltern vorgelebt haben, strebt die Generation Z diese klassischen Karrierewege nicht mehr an.

Die Post-Millennials sind in einer Zeit aufgewachsen, in der Kinder mehr Autonomie hatten und in die Entscheidungen der Familie mit einbezogen wurden. Diese frühe Verantwortung spiegelt sich heute auch in ihrer Arbeitshaltung wider. Von ihrem Arbeitsplatz erwartet die Generation Z vor allem eine optimale technische Ausstattung. An die Ansprache auf dem Arbeitsmarkt haben sie besondere Wünsche. Während klassische Stellenanzeigen zunehmend an Bedeutung verlieren, gewinnen dagegen Empfehlungen von Influencern. Welche Maßnahmen Konzerne ergreifen können, um diese Bewerber auf dem Arbeitsmarkt zu erreichen, lesen Sie im Kapitel über „Employer Branding und Recruitment".

1.6 Warum brauchen Konzerne eine Arbeitgebermarke?

Viele große Unternehmen und Konzerne haben die Verbindung zu ihrem Ursprung verloren. Sie sind mehrmals fusioniert, haben hohe Fluktuationen und sind manchmal mit ihren Filialen und Standorten auf der ganzen Welt verteilt.

Vielleicht hilft das folgende Bild, um ein Gefühl dafür zu bekommen, wie wichtig das Thema der Identität auch für Konzerne ist. Stellen Sie sich eine Großfamilie vor. Ein Paar bekommt 10 Kinder, die alle verheiratet sind und wiederum eigene Kinder haben. Die Familie wächst, verzweigt sich wie ein Baum, wird größer und bekommt neue Äste, an denen wiederum neue Früchte wachsen. Und doch gibt es diesen einen Ursprung von Mutter und Vater, die längst zu Großeltern oder Urgroßeltern geworden sind, die jedem einzelnen Menschen innerhalb dieser Familie – so unterschiedlich er auch sein mag – ihre besondere Prägung hinterlassen haben. Auch die Zweige des Baumes können nur dann weiterwachsen, wenn es einen stabilen Stamm gibt, der fest im Boden verankert ist.

Jeder Konzern – so groß er auch sein mag – wurde irgendwann einmal gegründet. Es gab einen Menschen mit einer großartigen Idee und dem Mut, diese umzusetzen. Während in vielen kleinen und mittelständischen Betrieben dieser einstige Spirit noch heute lebt, geht dieser oft mit zunehmender Firmengröße verloren. Ein positives Gegenbeispiel ist der Weltkonzern Apple, der bis heute untrennbar mit seinem Mitbegründer Steve Jobs verbunden ist. Ein Großteil der Menschen, die heute ein iPhone oder ein MacBook nutzen, kennt das charismatische Gesicht des Mannes, der Millionen mit seinen Produkten begeistert hat. Nur wenn ein Unternehmen ein Gesicht und eine Identität hat, können sich Mitarbeitende auch damit identifizieren.

1.6.1 Vorteile von Employer Branding

Es gibt eine ganze Reihe von Vorteilen und Argumenten, die für eine Employer-Branding-Strategie im Konzern-Umfeld sprechen. Eine Auswahl der wichtigsten Gründe habe ich Ihnen im Folgenden zusammengefasst.

Abgrenzung gegenüber dem Wettbewerb
Mitarbeiter, die auf der Suche nach einem Job im technologischen Umfeld sind, haben immer die Wahl, ob sie sich bei Apple oder Samsung bewerben. Konzerne müssen also klar herausstellen, was sie als Arbeitgeber interessanter macht als die Konkurrenz. Warum soll sich der Mitarbeiter bei Ihnen bewerben und nicht beim Mitbewerber, der vermutlich ein ähnliches Gehalt und vergleichbare Aufstiegschancen bietet?

Mehr qualifizierte Bewerber gewinnen
Der Best Case sieht so aus: Sie suchen nach einem neuen Mitarbeiter für eine vakante Position, öffnen am Morgen das Tor und dort steht bereits eine kleine Schlange der besten Fachkräfte am Markt, die gerne sofort bei Ihnen anfangen möchten. Doch damit Sie dort hinkommen, haben Sie einen langen Weg vor sich. Qualifizierte Fachkräfte haben Jobchancen auf der ganzen Welt. Über eine ausgeklügelte Employer-Branding-Strategie liefern Sie Ihnen die besten Argumente, sich genau bei Ihnen zu bewerben und gewinnen auf diese Weise ohne großen Recruiting-Aufwand die besten Mitarbeiter. Sie müssen auf dem Markt mit Ihren individuellen Stärken und Ihrer Einzigartigkeit punkten.

Empfehlungen generieren
Jedes Unternehmen und jede Marke freuen sich über Empfehlungen. Bevor das Thema Employer Branding so groß wurde, zielten die Bemühungen des Empfehlungsmarketings hauptsächlich darauf ab, gute Bewertungen für die Produkte zu bekommen und dadurch den Kundenstamm zu vergrößern. Jetzt rücken vor allem die Empfehlungen der Mitarbeiter in den Vordergrund. Wenn Mitarbeiter eines Unternehmens ihren Job weiterempfehlen und im Freundeskreis oder auch in ihren sozialen Netzwerk-Accounts in höchsten Tönen von Ihnen sprechen, dann werden auch andere qualifizierte Fachkräfte auf Sie aufmerksam.

Bekanntheit steigern
Sie haben es bei der Mitarbeitersuche wesentlich leichter, wenn Ihr Unternehmensname in der Stellenanzeige nicht vollkommen unbekannt ist. Je bekannter Ihre Marke bzw. Ihr Konzern ist, desto größer sind auch

die Chancen, dass Sie als Arbeitgeber attraktiv werden. Ein Mitarbeiter ist stolz auf seinen Arbeitsplatz und möchte lieber, dass eine bekannte Firma in dem Lebenslauf auftaucht als ein namenloser Konzern, zu dem niemand ein Gesicht hat.

Sinkende Fluktuation
Employer Branding besteht aus vielen, unterschiedlichen Zielstellungen. Eine davon ist es, die Fluktuation innerhalb des Konzerns zu reduzieren und Mitarbeiter langfristig an das Unternehmen zu binden. Das Employer Branding hat in diesem Zusammenhang die Funktion, eine familiäre Atmosphäre zu schaffen, in der sich jeder wohlfühlt und gerne zur Arbeit kommt. Mitarbeiter bindet niemand langfristig durch Druckausübung, durch Gehalt oder einen Firmenwagen. Es rückt immer mehr in das Bewusstsein, wie wichtig auch die Zufriedenheit im Job ist und dass diese im Zweifel mehr zählt als die Zahl vor dem Euro-Zeichen auf dem Gehaltscheck.

Teamspirit
In keinem Konzern der Welt arbeiten die einzelnen Teams vollkommen unabhängig voneinander. Daher ist es mit wachsender Unternehmensgröße von erheblicher Bedeutung, die interne Kommunikation zu stärken und die Zusammenarbeit der Mitarbeiter untereinander zu verbessern. Auch hierbei leistet das Employer Branding einen entscheidenden Beitrag. Im Idealfall erkennt jeder Mitarbeiter dadurch nämlich, dass er ein wichtiger Bestandteil im gesamten Getriebe ist und sein Beitrag gebraucht wird, damit sich das Rad am Ende dreht. Gleichzeitig setzt dann auch ein Verständnis dafür ein, dass die andere Abteilung und das andere Team ebenfalls dazu gehört und im gleichen Boot sitzt. Eine gute Employer-Branding-Strategie sorgt dafür, dass ein guter Teamspirit entsteht.

Gesteigerte Produktivität
Qualifizierte Mitarbeiter, weniger Fluktuation, mehr Eigenverantwortung und Engagement: Es braucht nicht viel, um daraus abzuleiten, dass durch eine gute Employer-Branding-Strategie die Produktivität Ihres gesamten Unternehmens steigt. Hier können wir schon einen kurzen Vorausblick

auf die Frage geben: Was kostet Employer Branding eigentlich? Die schwammige und gleichzeitig sehr konkrete Antwort darauf lautet: Sie kostet wesentlich weniger als das, was sie am Ende für den Konzern tun kann.

Effizienteres Recruiting
Durch ein strategisches Employer Branding kann das Recruiting in Ihrem Unternehmen wesentlich effizienter gestaltet werden. Das HR ist nicht mehr nur damit beschäftigt, Stellenanzeigen zu schalten und Berge an Bewerbungen zu sortieren. Dank der vorherigen Investition in das Employer Branding kommen jetzt wesentlich mehr qualifizierte Bewerbungen an und die Personaler können sich mehr Zeit für das nehmen, was bei der Einstellung neuer Mitarbeiter so wichtig ist: Gespräche, Kontakt und Kommunikation.

Auch diese Auflistung ließe sich jetzt noch eine ganze Weile fortsetzen. Sie sollten einen kleinen Eindruck davon bekommen haben, welchen Nutzen das Employer Branding in Ihrem Konzern haben kann und warum es sich lohnt, sich lieber gestern als heute noch damit auseinanderzusetzen.

1.6.2 Worauf es beim Employer Branding ankommt

Um all diese Vorteile genießen zu können, brauchen Sie ein durchdachtes, individuelles Konzept. Es gibt nicht die eine Employer-Branding-Strategie, die eierlegende Wollmilchsau, die für jeden Konzern gleichermaßen gut funktioniert. Bei der Entwicklung dieser Strategie ist es wichtig, nicht nur auf sich selbst zu sehen, sondern auch zu berücksichtigen, welche Bedürfnisse die Generation Y an einen Arbeitgeber und eine Arbeitsstelle hat.

Während die Generation Y noch sehr großen Wert auf die traditionellen Werte wie Gehalt, Sicherheit und Urlaubszeiten legte, hat die Generation Z jetzt ganz andere Anforderungen wie eine nette Arbeitsatmosphäre und eine gelungene Work-Life-Balance.

1.7 Die größten Irrtümer: Was Employer Branding nicht ist

Das Thema Employer Branding ist noch immer mit vielen Vorurteilen behaftet. Zu den häufigsten Missverständnissen gehört die Auffassung, dass Employer Branding lediglich darauf abzielt, Personal zu gewinnen. Um die häufigsten Irrtümer zum Thema zu entkräften, habe ich sie an dieser Stelle zusammengefasst.

1.7.1 Employer Branding ist Personalmarketing

Employer Branding wird sehr häufig mit Personalmarketing verwechselt. Natürlich besteht eines der Hauptziele im Employer Branding darin, gutes Personal zu gewinnen. Dies ist aber am Ende tatsächlich nur die Belohnung dafür, dass alle anderen Maßnahmen funktioniert haben. Machen Sie nicht den Fehler, sich nur darauf zu versteifen, mehr Bewerbungen zu bekommen.

Das Personalmarketing setzt seinen Fokus darauf, Personal zu gewinnen und es langfristig an das Unternehmen zu binden. Zu den Maßnahmen gehören vor allem der Aufbau eines funktionierenden Bewerbermanagements und der Einsatz strategischer Recruiting-Maßnahmen. Employer Branding ist dagegen eine ganzheitlich-strategische Ausrichtung eines Konzerns. Es werden Maßnahmen ergriffen, um das Unternehmen von innen zu stärken und ihm ein authentisches Image zu geben.

1.7.2 Wir können uns eine Employer-Branding-Strategie entwickeln lassen

Das ist richtig und gleichzeitig absolut falsch. Daher gleich eine schlechte Nachricht vorweg: Es ist schlichtweg nicht möglich, sich extern eine Employer-Banding-Strategie zu entwickeln, ohne dass Sie aktiv daran mitarbeiten. Wenn Sie einen Bäcker damit beauftragen, einen Geburtstagskuchen im Star-Wars-Design zu backen, dann brauchen Sie nicht viel mehr zu tun, als diese Dienstleistung am Ende zu bezahlen. Eine Employer-Branding-Strategie zu entwickeln, ist aber weitaus mehr als nur eine Dienstleistung, die Sie einfach abgeben können. Der Konzern ist Teil des Prozesses. Die Zusammenarbeit mit einer Employer-Branding-Agentur ist vermutlich das genaue Gegenteil von dem, was Sie bisher in der Zusammenarbeit mit externen Partnern erlebt haben.

1.7.3 Employer Branding bringt kein Geld

Dem Begriff des Employer Branding haftet leider immer noch das Image an, es würde ein Luxus sein, den sich nicht jeder Konzern gönnen kann oder möchte. So was wie Yoga-Stunden für die Belegschaft, die gut, aber nicht existenziell sind. Das, was vermeintlich kein Geld einbringt, rückt gerne mal ganz weit nach hinten auf der Agenda.

Es stimmt: Die ersten Schritte im Employer Branding werden sich noch nicht merklich positiv auf Ihre Bilanz auswirken. Im zweiten Schritt können Sie dann aber auf vielen Ebenen Einsparungen und Optimierungen erkennen. Durch eine höhere Produktivität mit besserem Zusammenhalt innerhalb der Teams. Mit gesparten Recruiting-Budgets und mehr Zeit für die Kernaufgaben der HR-Abteilung. Mit der Steigerung der Leistungsfähigkeit des gesamten Konzerns – vom Pförtner bis zur Führungsetage. Ich werde diesen Punkt abschließend im Kapitel noch einmal genauer beleuchten.

1.8 Die Rolle der Branche beim Employer Branding

Stellen Sie sich vor, Sie sind auf einer Dating-Plattform unterwegs und stoßen auf ein scheinbar zunächst interessantes Profil. Bei genauerem Hinsehen entdecken Sie dann jedoch diesen kleinen, aber wesentlichen Aspekt in der Spalte: Beruf. Dort ist nämlich angekreuzt „Versicherungen und Finanzen". Sie bekommen sofort ein Bild von dem Menschen hinter dem Profil und stellen ihn sich als trockenen, humorarmen Mitarbeiter vor, der Zuhause die Zahnpastatube aufschneidet, um noch den letzten Rest davon auszukratzen.

Es gibt Branchen, die haben eben einfach ein schlechtes Image auch in Bezug auf die Arbeitsbedingungen. Insbesondere im Bereich Versicherungen und Finanzen tun sich in der Tat noch viele Konzerne damit schwer, vom klassischen Arbeitsmodell mit der 9-to-5 Anwesenheitspflicht, Einzelbüros und bewährten Gehaltsmodellen loszukommen. Aus der jährlichen Umfrage des dbb Beamtenbundes geht hervor, welche Branchen im Jahr 2021 welches Ansehen haben. Demnach steht die Feuerwehr, die Ärzteschaft sowie Erzieher und Journalisten ganz weit oben. Ganz am Ende der Liste erscheinen Bankangestellte und Versicherungsvertreter. Durch die Finanzkrise im Jahr 2008 hat die Branche zusätzlich gelitten. Dieses fehlende Vertrauen zeigt sich nicht nur im Rückgang der Kunden, sondern auch in der abnehmenden Anzahl der Bewerber. Fakt ist: Den Konzernen fehlt der Nachwuchs.

Genau diese Erkenntnis ist aber genau richtig, um zu erkennen, welche Bedeutung das Employer Branding in der Zukunftsfähigkeit des Unternehmens einnimmt. Es muss sich viel ändern – angefangen dabei, die gesamte Philosophie und die Denkweise innerhalb des Unternehmens zu verändern und ihm in dieser Hinsicht eine Kernsanierung zu verpassen. In etwa einem Drittel der Unternehmen aus dieser Branche ist eine Bewerbung nur dann möglich, wenn der Bewerber umständlich einen Login erstellt. Lassen wir dies an dieser Stelle auf sich wirken.

1.9 Kosten vs. Nutzen: Kann sich Employer Branding in Konzernen rentieren?

Jetzt kommt der Teil, der für die Entscheider eine tragende Rolle spielt. Werden sich die Kosten, die ich in das Employer Branding investiere, irgendwann auszahlen? Ohne Frage müssen Konzerne zunächst einiges an Kosten und personellen Ressourcen aufbringen, um eine Employer-Branding-Strategie zu entwickeln und diese dann auch umzusetzen. Wie hoch diese Kosten im Einzelnen sind, ist hochgradig individuell. An dieser Stelle Zahlen zu nennen, wäre in etwa so eindeutig, wie die Zahl der Sterne im Universum zu schätzen. Wichtig ist am Ende, dass Sie positive Ergebnisse sehen und erkennen, dass sich diese Investition mehr als gelohnt hat.

Fakt ist: Jeder zufriedene Mitarbeiter, der produktiv arbeitet, Kernkompetenzen für sein Unternehmen erwirbt und zum Markenbotschafter für neue, potenzielle Teammitglieder wird, ist jeden Euro wert. Im Folgenden habe ich einige Aspekte und Argumente dafür zusammengetragen, warum sich Employer Branding auch in finanzieller Hinsicht langfristig für Konzerne rechnet.

1. **Senkung der Kosten für unbesetzte Stellen**
Unbesetzte Stellen kosten Geld. Die *Cost of Vacancy* drückt genau diesen Faktor aus: Die Kosten, die am Tag entstehen, wenn eine vakante Position nicht besetzt ist. Es gibt verschiedene Berechnungsfaktoren, auf die ich an dieser Stelle gar nicht im Detail eingehen möchte. Dr. John Sullivan, ein international bekannter HR-Vordenker aus dem Silicon Valley, hat auf seiner gleichnamigen Internetseite einige Beispielrechnungen aufgestellt.[2] Sich diesen Aspekt mal genauer anzusehen lohnt sich vor allem dann, wenn Sie noch unsicher sind, ob sich Employer-Branding-Kosten wirklich amortisieren können. Sullivan zeigt in seinem Artikel sehr eindrucksvoll auf, was Talentengpässe wirklich kosten und wie teuer die Lücke ist, die zwischen einer Kündigung und einer Neubesetzung entstehen. Wenn leistungsfähige Mitarbeiter auf Schlüsselpositionen fehlen, dann erkenne selbst der „dümmste Finanzexperte", dass eben an dieser Stelle auch kein Umsatz gemacht werden könne. Sullivan schätzt die Kosten für fehlende Mitarbeiter insbesondere in Konzernen besonders hoch, in denen die Einarbeitungszeit für neue Mitarbeiter besonders hoch ist. Die Kosten für eine einzelne Vakanz setzt er pro Tag bei 7000 bis 12.000 US-Dollar an. In einem seiner Fälle waren es sogar 200.000 US-Dollar pro Tag.

Sullivans Empfehlung an alle Konzerne lautet, sich die Zeit zu nehmen, die Kosten für unbesetzte Stellen genau durchzukalkulieren und hier eng mit der Finanzabteilung zusammenzuarbeiten. Employer Branding liegt eben nicht nur auf dem Schreibtisch der HR-Abteilung, sondern ist ein interdisziplinäres Thema, das jeden etwas angeht – vom Pförtner bis zum Prokuristen.

---

[2] Sullivan, Dr. John. Cost of Vacancy Formulas for Recruiting and Retention Managers, https://drjohnsullivan.com/uncategorized/cost-of-vacancy-formulas-for-recruiting-and-retention-managers/. Zugegriffen: 06. August 2021.

In seinem Artikel führt Sullivan sehr detailliert alle Aspekte auf, die Kosten verursachen, wenn Stellen unbesetzt bleiben. Zum Beispiel müssten dann andere, weniger gut eingearbeitete Mitarbeiter die Aufgaben mit erledigen, was zur Senkung der Produktivität führt. Es beeinflusst die gesamte Produktionskette negativ und es gibt so viele Faktoren zu berücksichtigen.

2. **Fluktuationskosten senken**

Eine Studie aus Österreich hat die (finanziellen) Auswirkungen der Fluktuation in einem Unternehmen untersucht.[3] Die ungewollte Fluktuation in heimischen Unternehmen lag bei 11 %. Von dieser Fluktuation waren zum Zeitpunkt der Befragung auch Schlüsselpositionen betroffen. In Bezug auf die Fluktuationskosten ergab die Studie, dass die durchschnittlichen Kosten pro Fluktuation bei 14,900 Euro liegen. Bei Unternehmen mit mehr als 1000 Mitarbeitern stiegen die Kosten auf 17,159 Euro pro Stelle. In großen Unternehmen bestehen komplexere Strukturen und Abläufe, so dass sowohl die Besetzung der Stellen als auch die Einarbeitung neuer Mitarbeiter mit einem höheren Zeit- und Kostenaufwand verbunden ist.

Überdurchschnittlich betroffen von der Fluktuation sind die Vertriebseinheiten in den Unternehmen. Wenn es in diesem Bereich zu einer Fluktuation kommt, dann stagnieren sämtliche Marktaktivitäten. Betroffene Unternehmen laufen Gefahr, wichtige Schlüsselkunden zu verlieren. Auch der IT-Bereich ist laut der Studie sehr stark betroffen, was sich wiederum nachteilig auf sämtliche Digitalisierungsaktivitäten auswirkt.

Spannend sind auch die Erkenntnisse der Studie zu den Gründen für die ungewünschten Austritte von Mitarbeitern aus Unternehmen. Der häufigste Grund ist die Unzufriedenheit mit der Führung, dicht gefolgt vom Thema Gehalt und den fehlenden Aufstiegschancen. Für 13 % der befragten Mitarbeiter waren zu wenig positive Mitarbeitererlebnisse der Grund, warum sie ein Unternehmen verlassen haben.

3. **Das Risiko von Fehlbesetzungen sinkt**

---

[3] Brence, F. u. a. Fluktuation und deren Auswirkung auf Unternehmen. Eine Studie von Deloitte Österreich. https://www2.deloitte.com/content/dam/Deloitte/at/Documents/consulting/at-deloitte-fluktuationsstudie-2019.pdf. Zugegriffen: 06. August 2021.

Mitarbeiter einfach einzustellen, ohne dass diese vorab die Gelegenheit hatten, sich mit der Philosophie vertraut zu machen ist ein bisschen so, wie den eigenen Ehemann oder die Ehefrau erst nach der Hochzeit kennenzulernen. Zwar sind vorab meistens die Aufgabenstellungen und Qualifikationen klar abgesteckt, aber ob es auch menschlich passt, rückt oftmals sehr weit in den Hintergrund. Dadurch steigt aber auch das Risiko von Fehlbesetzungen erheblich – was wiederum zurück zu Punkt 1 und 2 in dieser Auflistung führt: Fluktuation und die Kosten für unbesetzte Stellen.

4. **Steigende Motivation und Leistungsbereitschaft**
Motivierte und engagierte Mitarbeiter erbringen eine bessere Leistung und das wiederum steigert die Produktivität eines Unternehmens. Dieser Punkt steht für sich.

5. **Das Know-how bleibt im Unternehmen**
Jeder Mitarbeiter baut sich ein Know-how auf, das mit der Zeit wächst und nicht einfach so an einen neuen Mitarbeiter weitergegeben werden kann. In diese Expertise haben Konzerne bewusst oder unbewusst sehr viel Zeit und Geld investiert. Ein Mitarbeiter ist eine Investition, die möglichst im Unternehmen bleiben sollte. Sie backen ja auch nicht einen Kuchen, um ihn im Anschluss vor die Haustür zu stellen.

Auch diese Liste hat wie viele andere Aufzählungen und Argumentationen in diesem Buch keinen Anspruch auf Vollständigkeit. Sie soll das Bewusstsein dafür wecken, wie nachhaltig die Investition in Employer Branding ist. Anders als einmalige Werbekampagnen, die viel kosten und oft ebenso schnell wieder verpuffen, wirkt Employer Branding nachhaltig. Sie bauen damit ein ganz neues Fundament, das Ihrem Konzern eine zusätzliche Stabilität verleiht.

Ihr Transfer in die Praxis
- Überprüfen Sie Ihren Bewerbungsprozess
- Entwickeln Sie eine Arbeitgebermarke
- Setzen Sie das Thema Employer Branding auf Ihre Agenda

Literatur

Höhen und Tiefen. https://www.haufe.de/personal/hr-management/25-jahre-employer-branding-mit-hoehen-und-tiefen_80_538302.html. Zugegriffen: 30. Juli 2021.

Chambers, Elizabeth G. et al. (1998): The War for Talent. In: The McKinsey Quarterly, 3/1998.

War of Talents. https://www.haufe.de/thema/fachkraeftemangel/. Zugegriffen: 30. Juli 2021.

Tsoi, Y. W. 12 Gründe für gutes Employer Branding in Ihrem Unternehmen. https://recruiting.xing.com/de/wissen-veranstaltungen/wissen/employer-branding/12-gruende-warum-sich-gutes-employer-branding-fuer. Zugegriffen: 30. Juli 2021.

Kriegler, W. Employer Branding: Die 5 großen Irrtümer. https://www.employer-branding.org/magazin/insights/irrtuemer-des-employer-branding. Zugegriffen: 30. Juli 2021.

Schwabl, T. (2015) 360 Grad Studie. Employer Branding. https://www.karriere.at/f/Employer_Branding_Studie.pdf. Zugegriffen: 30. Juli 2021.

Birkner, Dr. G. (2019). Was Mitarbeiter heute wollen – un brauchen. https://www.faz-personaljournal.de/ausgabe/03-2019/was-mitarbeiter-heute-wollen-und-brauchen-1204/. Zugegriffen: 30. Juli 2021.

Nier, H. (2021). Nur schlechtes Image? 3 Gründe, warum es in Versicherungen und Finanzen an Bewerbungen mangelt. Zugegriffen: 30. Juli 2021.

2

Herausforderung Employer Branding in Konzernen

> **Was Sie aus diesem Kapitel mitnehmen**
>
> - Vor welche Herausforderungen große Unternehmen im Employer Branding gestellt werden
> - Best-Practice-Beispiele, wie Konzerne wie adidas proaktiv auf Mitarbeitersuche gehen
> - Warum auf Konzernen ein größerer Druck lastet, wenn sie mit dem Employer Branding beginnen

Große Unternehmen und Konzerne haben gegenüber dem Mittelstand einen entscheidenden Vorteil: Sie haben höhere Budgets und auch mehr personelle Kapazitäten, um eine fundierte und professionelle Employer-Branding-Strategie zu erarbeiten und diese dann auch schrittweise umzusetzen. Dagegenstehen aber auch zahlreiche Herausforderungen, die sich große Unternehmen und Konzerne bewusst machen müssen.

Klar ist, dass Sie ein kleines Haus mit zwei Etagen und vier Zimmern schneller und einfacher aufräumen, als einen riesigen Gebäudekomplex mit 11 Stockwerken und zahlreichen Wohneinheiten. In kleinen Unternehmen gibt es oftmals flachere Hierarchien, in denen Veränderungen wesentlich schneller umgesetzt werden können. Die Strukturen sind hier schlanker, sodass auch erste Erfolge schneller sichtbar werden. Um eine Employer-Branding-Strategie in Konzernen durchzusetzen, braucht es viel Geduld und den festen Willen, daran zu bleiben.

Außerdem gibt es bei Mittelständlern vielfach eine tiefe Verwurzelung in der Region. Es gibt eine Verbundenheit und Verantwortung gegenüber den Menschen, die in der näheren Umgebung leben. Konzerne haben mit zunehmendem Wachstum ihren Firmensitz häufig verlagert und diese regionale Verbundenheit verloren. Dies macht es auch schwerer, Menschen mit den Argumenten ihrer Heimatverbundenheit zu erreichen.

Hinzu kommt, dass kleinere oder mittelständische Firmen vielfach noch in Familienhand sind und vom Geist des Gründers leben. Konzerne haben dieses Gesicht – wenn es denn überhaupt eines gab, lange verloren. Es gibt keinen präsenten Gründer mehr und keine Verbindung zu den Wurzeln. Zudem kam es im Verlauf der Firmengeschichte meistens dazu, dass mehrere Firmen und damit auch mehrere Geschichten miteinander verschmolzen sind. Hier wieder einen gemeinsamen Nenner zu finden, mit dem sich das Unternehmen und alle Mitarbeiter identifizieren können ist eine Herausforderung.

Mittelständler argumentieren gerne damit, dass Employer Branding für große Firmen ja kein Problem sei, da ja wesentlich mehr personelle und finanzielle Ressourcen zur Verfügung stehen würden. Tatsache ist: Jeder kämpft an dieser Stelle mit den eigenen Dämonen und der Fachkräftemangel zieht sich durch nahezu alle Branchen und betrifft Firmen unabhängig von ihrer Größe.

2.1 Best Case: Die adidas-Kampagne zur Mitarbeiterakquise in Herzogenaurach

Auch wenn ein Konzern einen großen Namen trägt und scheinbar mühelos Nachwuchs an Land zieht: Eine große Marke zu haben, bedeutet nicht automatisch, auch leichter Mitarbeiter zu gewinnen. Das Problem ist oftmals der Standort. Viele Firmen verlagern die Standorte ins

Nimmerland, weil dort mehr Raum für die Expansion zur Verfügung steht oder dieser schlichtweg günstiger ist. Aber wer möchte schon mit Sack und Pack nach Herzogenaurach ziehen, um dort seinen Lebensmittelpunkt zu haben? Dies fragte sich auch adidas und entwickelte eine eigene Werbekampagne dafür, um neue Mitarbeiter an diesen Standort zu locken.

Die Inhalte der Kampagne
Unter dem Motto „Make your Move" drehte adidas ein Werbevideo, das die schönen Seiten des Standortes in den Vordergrund rücken sollte. In hochauflösenden und sehr schnell aneinander vorbeiziehenden Sequenzen wurden lichtdurchflutete Flure, verglaste Fronten, Open Spaces und Edelstahltüren gezeigt. Zudem kamen die Mitarbeiter zu Wort, die offen zugaben, dass es zunächst „incredible" war, nach Herzogenaurach ziehen zu müssen für den Job. Dann aber schwenkt die Kamera auf die eigens für die Mitarbeiter eingerichteten Volleyball-Felder und auf den großen Campus vor dem Firmengebäude. Adidas hat hier fast so etwas wie eine eigene kleine Stadt errichtet mit verschiedenen Gebäuden, Sportanlagen und Cafeterien. Die gezeigten Mitarbeiter sind alle jung und sportlich und zeigen auch persönlich eine tiefe Verbundenheit mit der Marke adidas. Das Fazit des Films: Es kommt nicht darauf an, wo du arbeitest, sondern für wen. Zum Schluss fordert ein Mitarbeiter potenzielle neue Kollegen auf, „open minded" zu sein, keine Vorurteile zu haben und sich mit positiver Einstellung auf den Standort einzulassen.

2.2 Größerer Druck auf Konzernen bei der Mitarbeitersuche

Große Marken und Konzerne haben einen höheren Druck bei solchen Kampagnen, weil sie bekannt sind und jeder kleine Fauxpas natürlich von der Öffentlichkeit wahrgenommen wird. Der Arbeitgeber ist bei Bewerbern bekannt und entsprechend hoch sind die Erwartungen an das, was im Bewerbungsprozess aufgefahren wird. Diese Erwartungshaltung nehmen Konzerne durchaus wahr und versuchen, sie mit hochkarätigen

Kampagnen zu bedienen. Das Kleingeld dafür ist immerhin da. Allerdings vergessen sie häufig einen entscheidenden Punkt: Sie müssen ihre Authentizität wahren und diese geht sehr leicht in spektakulären YouTube-Headhunting-Videos unter.

Der Weg, der sich als besonders erfolgreich erwiesen hat und der auch von adidas eingeschlagen wurde war es, die Mitarbeiter selbst zu Wort kommen zu lassen. In Videos, Blogs, Social-Media-Accounts. Statt einen hochkarätigen Schauspieler zu engagieren, der einen vorgeschriebenen Text in die Kamera liest, sollten möglichst überall echte, reale Mitarbeiter eingesetzt werden, die in ihren Worten von ihrem Alltag und ihrem Job berichten. Genau das ist es, was potenzielle neue Mitarbeiter interessiert.

Ihr Transfer in die Praxis
- Suchen Sie die Wurzeln Ihres Unternehmens
- Entwickeln Sie authentische Kampagnen zur Mitarbeitergewinnung
- Bleiben Sie am Ball und behalten Sie Ihre Ziele im Blick

Literatur

https://www.youtube.com/watch?v=U0CfdNRQ_qQ&t=189s. Zugegriffen 06. August 2021.

3
Gründe für Employer Branding in Konzernen

> **Was Sie aus diesem Kapitel mitnehmen**
> - Warum Employer Branding für die strategische Ausrichtung von Konzernen essenziell ist
> - Wie Employer Branding im Inneren eines Konzerns wirkt
> - Welche externen Faktoren für ein Employer Branding sprechen

Jedes Unternehmen – unabhängig von seiner Größe – wird von Mitarbeitern, Lieferanten, Kunden und auch Bewerbern auf eine bestimmte Art und Weise wahrgenommen. Wenn Sie diese Wahrnehmung nicht bewusst steuern, sondern sie sich selbst überlassen, dann entsteht eine Eigendynamik, über die Sie leicht die Kontrolle verlieren können. Indem Sie gezielt eine Employer-Branding-Strategie entwickeln, können Sie den Wahrnehmungsprozess bewusst steuern und selbst entscheiden, wie Sie wahrgenommen werden wollen.

Employer Branding stellt die Unternehmenswerte und die Unternehmenskultur in den Mittelpunkt, statt Mitarbeiter mit hohen Löhnen und Firmenwagen zu ködern. Dadurch schaffen sie eine Verbundenheit, die die Wechselfreude hemmt. Sie heben sich damit von anderen Arbeitgebern der Branche ab, machen sich zu etwas Einzigartigem und steuern gezielt die Innen- und die Außenwahrnehmung. Im Folgenden habe ich die aus meiner Sicht wichtigsten Gründe zusammengefasst, warum Employer Branding bereits heute und vor allem in der Zukunft von Konzernen eine entscheidende Rolle bei der Mitarbeiterakquise spielen wird.

3.1 Interne Gründe

Employer Branding hat immer zwei Wirkungskreise: den nach innen und den nach außen. An dieser Stelle folgen die Gedanken darüber, wie Employer Branding nach innen wirkt und warum es so wichtig ist, die Mitarbeitenden auf diese Reise mitzunehmen.

1. Mitarbeiter identifizieren sich mit den Unternehmenszielen
   Stellen Sie sich einen Mitarbeiter vor, der am Morgen aus seinem Bett aufsteht, sich für die Arbeit zurechtmacht, den Arbeitsweg antritt, das Firmengebäude betrifft und seinen Platz am Schreibtisch einnimmt. Dort arbeitet er die Liste an Aufgaben ab, die heute auf seiner Agenda stehen. Wenn dieser Mitarbeiter spontan gefragt werden würde, warum er hier sitze, dann lautete die Antwort (ohne Employer Branding) vermutlich: „Weil ich mein Geld hier verdiene". Das Ziel der Employer-Branding-Strategie sollte es sein, dass dieser Mitarbeiter ein höheres Ziel vor Augen hat als nur die monatliche Überweisung. Im Idealfall kennt er die Unternehmensziele und setzt sich persönlich für sie ein. Die Antwort auf die Frage nach seiner täglichen Arbeitsmotivation könnte dann lauten: „Wir wollen im nächsten Jahr Marktführer werden".
2. Wertschätzung des Einzelnen im Unternehmen
   Employer Branding kann einen wichtigen Beitrag dazu leisten, dass sich Mitarbeiter nicht nur wie eine Ameise in einem großen Ameisenstaat fühlen, deren Arbeit kaum eine Rolle spielt. Sie können stattdessen ein Bewusstsein dafür wecken, dass jeder Einzelne ein wichtiges Rad im Getriebe ist. Es ist wichtig, ein Signal der Wert-

schätzung zu senden, um die Motivation der Mitarbeiter und damit auch ihre Produktivität zu steigern.
3. Förderung der internen Zusammenarbeit
Wenn sich jeder Mitarbeiter als wertgeschätztes Teammitglied wahrnimmt, dann verbessern sich auch die Mitarbeiterbeziehungen untereinander. Dies fördert automatisch die interne Zusammenarbeit und damit auch die Produktivität des gesamten Unternehmens.
4. Größere Bindung an das Unternehmen
Diesen Punkt hatte ich eingangs dieses Kapitel bereits angerissen. Er gehört zu den zentralen Faktoren, die Employer Branding so unverzichtbar machen. Employer Branding formt aus einem gesichtslosen Unternehmen eine Art Familie und schafft Verbundenheit. Genau das – und nur das – macht am Ende den entscheidenden Unterschied, ob ein Mitarbeiter Abwerbungsversuchen von anderen Firmen standhalten kann oder eben nicht. Sind Sie Fußball-Fan? Dann bleiben Sie Ihrem Verein sicher auch dann treu, wenn er mal verliert. So ist es auch mit der Mitarbeiterbindung. Besteht keine persönliche Verbundenheit zu einem Unternehmen, dann ist die Gefahr groß, dass in angespannten Zeiten auch zeitgleich die Fluktuation einsetzt, was Sie doppelt hart treffen wird. Mitarbeiterbindung wirkt an dieser Stelle wie eine Art „Lebensversicherung", dass die Mannschaft auch im Sturm an Bord bleibt und sich nicht in die Rettungsboote abseilt.
5. Die Kernkompetenzen bleiben in Ihrem Unternehmen
Ein weiteres, wichtiges Argument für Employer Branding: Sie investieren in jeden Mitarbeiter, seine Ausbildung, seine Einarbeitung etc. Im Laufe der Zeit entwickelt er Kernkompetenzen, die nicht so einfach ausgetauscht werden können. Fehlt die Verbundenheit mit einer Firma, dann verlassen diese Kernkompetenzen auch schnell wieder das Unternehmen und müssen neu aufgebaut werden. Das kostet Geld und Zeit.
6. Schaffen eines WIR-Gefühls
Jeder Mitarbeiter hat Stärken, aber auch Schwächen. Je besser die interne Zusammenarbeit und je stärker das WIR-Gefühl ausgeprägt sind, desto besser können die Schwächen des Einzelnen in der Gruppe ausgeglichen werden. Kein Mitarbeiter sollte seine Aufgaben losgelöst vom Unternehmen und vom Team erledigen, sondern sich mit seiner

Arbeit als Teil des großen Ganzen fühlen. Ohne ein Zugehörigkeitsgefühl machen Mitarbeiter nur „Dienst nach Vorschrift" und sind damit ein gefundenes Fressen für Headhunter. Ein WIR-Gefühl sorgt immer für ein leistungsförderndes Betriebsklima.

7. Mitarbeiter als Innovationstreiber gewinnen

Jeder Mitarbeiter bringt eigenes Know-how in ein Unternehmen ein. Insbesondere Mitarbeiter in Schlüsselpositionen können mit ihrer individuellen Expertise eine starke Innovationskraft in einem Unternehmen entfalten. Insbesondere in den Zeiten eines strukturellen Wandels findet Innovation nicht mehr nur in der Chefetage statt, sondern auch und vor allem in der Belegschaft.

Innovation ist oftmals ein Buzzword in Konzernen, das auch auf der Homepage noch einmal fett und unterstrichen dargestellt wird. Betrachtet man dann aber die Realität, besteht die Innovation maximal darin, dass die Mitarbeiter flexiblere Arbeitszeiten genehmigt bekommen, wenn sie frisch aus der Elternzeit zurück sind. Innovation entsteht vor allem im Inneren eines Unternehmens und wird von Personen vorangetrieben. Wenn innovative Impulse von oben aus der Geschäftsleitung kommen, dann ist es wichtig, Mitarbeiter von Anfang an in den Prozess mit einzubeziehen.

Ein gutes Beispiel ist hier die Digitalisierung. Mitarbeiter haben häufig Angst, überflüssig zu werden, wenn ihr Job plötzlich automatisiert und von „Maschinen" übernommen wird. Das Gegenteil ist meistens der Fall, denn wenn Routineaufgaben automatisiert werden, haben qualifizierte Mitarbeiter mehr Zeit für ihre Kernkompetenzen und damit auch intensivere Entwicklungsmöglichkeiten. Die Partizipation am Innovationsprozess ist wichtig, damit Top-Mitarbeiter im Unternehmen auch ihre Innovationskraft entfalten können, statt sich überflüssig zu fühlen und sich in der Folge bei der Konkurrenz zu bewerben.

Führungskräfte sollten dazu in der Lage sein, innovative Mitarbeiter zu erkennen und ihnen die nötige Wertschätzung entgegen zu bringen. Dazu ist es wichtig, eine wertschätzende und unterstützende Unternehmenskultur zu etablieren und eine Atmosphäre zu schaffen, die Veränderungen nicht als Bedrohung, sondern als Chance sieht.

Ein starkes Wettbewerbsumfeld kann den Druck erhöhen, mehr Innovation zuzulassen.

Es gibt noch wesentlich mehr Ziele, die Sie mit Employer Branding erreichen können. Erfahrungsgemäß sinkt zum Beispiel die Anzahl der Krankentage, wenn Mitarbeiter mit ihrem Job zufrieden sind und sich wertgeschätzt fühlen. Stellen Sie sich Ihren Konzern wie ein Ruderboot vor – Sie kommen nur voran, wenn alle in die gleiche Richtung rudern und sprichwörtlich an einem Strang ziehen.

3.2 Externe Faktoren

Ist das Employer Branding auf den Weg gebracht und einigermaßen fest im Inneren verankert, dann kann es auch nach außen wirken.

1. Sie haben eine klare Positionierung
Wenn ein Unternehmen einfach als eines von vielen im Schwarm der Fische umhertreibt, dann wird es allein zur Herausforderung, eine Stellenanzeige zu formulieren. Warum sollten denn nun die Bewerber gerade auf diese Anzeige anspringen und nicht auf die des Mitbewerbers? Um hier Argumente zu finden, könnten Sie der HR-Abteilung den Auftrag erteilen, die Bewerber nach den Gründen zu fragen, warum sie sich für eine Bewerbung in diesem Unternehmen entschieden haben. Je mehr Kandidaten an dieser Stelle ihr Interesse damit begründen, dass sie das Unternehmen einfach sympathisch finden oder sich mit dessen Philosophie und Werten identifizieren können, desto besser haben Sie Ihre Hausaufgaben in Bezug auf das Employer Branding gemacht.
2. Mitarbeiter betreiben von selbst die Akquise
Wenn die bestehenden Mitarbeiter begeistert sind von ihrem Job, dann erzählen sie das auch weiter. Im Freundeskreis, auf ihren Social-Media-Accounts oder vielleicht in Foren und überall dort, wo möglicherweise auch potenzielle neue Kandidaten aufmerksam werden. Sie senken dadurch erheblich Ihre HR-Kosten und steigern die Effizienz des Bewerbungsprozesses. Durch gezielte HR-Maßnahmen lassen Sie Mitarbeiter zu Markenbotschaftern werden.

3. Mehr qualifizierte Bewerbungen
   Ist gar nicht so richtig klar, für welches Unternehmen ich mich bewerbe, welche Ausrichtung es hat und ob ich mich überhaupt damit identifizieren kann, dann steigt zwar die Quantität der Bewerber, nicht aber die Qualität. Die HR-Abteilung ist dann beschäftigt, aber Sie stehen noch immer vor dem Problem, dass sie keine qualifizierten Bewerber haben, die bei Ihnen arbeiten können.
4. Sie senken langfristig die Recruiting-Kosten
   Das große Ziel des Employer Brandings ist es, dass Bewerber sich auch ohne aufwändige HR-Maßnahmen von selbst bei Ihnen vorstellen. Im Idealfall bauen Sie sich innerhalb Ihrer Branche ein so starkes und positives Image auf, dass Bewerber Ihren Namen gerne in ihren Lebenslauf schreiben und sofort ein Bild vor Augen haben, wenn sie Ihren Namen in einer Stellenanzeige lesen.
5. Nachhaltige Wettbewerbsvorteile
   Wenn Sie innerhalb Ihrer Branche mit einem positiven Image und einer starken Arbeitgebermarke auftreten, dann ziehen Sie auch die Besten aus dem Pool der Arbeitnehmer. Das bringt natürlich auch entscheidende Wettbewerbsvorteile mit sich.
6. Höhere Sichtbarkeit
   Wenn Sie das Thema Employer Branding fest auf die Agenda schreiben, dann bewirken Sie damit automatisch je nach Maßnahmenplan eine höhere Sichtbarkeit. Indem Mitarbeiter zum Beispiel in sozialen Business-Netzwerken oder in YouTube-Videos von ihren Erfahrungen mit dem Unternehmen berichten, steigt die (positive) Wahrnehmung der Firma in der Öffentlichkeit. Sie können zum Beispiel auch Maßnahmen ergreifen, um bei einer ganz neuen Zielgruppe sichtbarer zu werden.

Ihr Transfer in die Praxis

- Machen Sie Ihre Arbeitgebermarke einzigartig
- Employer Branding beginnt immer im Konzern selbst
- Treten Sie in der Öffentlichkeit als Arbeitgeber authentisch auf

Literatur

Tsoi, Y. W. 12 Gründe für gutes Employer Branding in Ihrem Unternehmen. https://recruiting.xing.com/de/wissen-veranstaltungen/wissen/employer-branding/12-gruende-warum-sich-gutes-employer-branding-fuer. Zugegriffen: 06. August 2021.

Mai, J. Employer Branding: Definition, Strategien, Maßnahmen. https://karrierebibel.de/employer-branding/. Zugegriffen: 06. August 2021.

4

Zieldefinition: Was wollen Sie mit Employer Branding erreichen?

> **Was Sie aus diesem Kapitel mitnehmen**
>
> - Warum die Zielsetzung am Anfang des Prozesses so wichtig ist
> - Was High Potentials sind und warum sie so heiß umworben werden
> - Welche Ziele Sie sich selbst im Employer Branding stecken können

Wenn ich zum ersten Mal Kontakt mit einem Unternehmen habe, das sich erstmals mit dem Thema Employer Branding auseinandersetzt, dann lautet eine der ersten Fragen: Was erwarten Sie davon? Welche Ziele setzen Sie sich und wo sehen Sie den Konzern in 3, 5 oder 10 Jahren, wenn die Employer Branding Maßnahmen erfolgreich umgesetzt wurden? Dieser Part ist essenziel, denn darauf baut die gesamte Employer-Branding-Strategie auf. Die Ziele müssen in jedem Unternehmen individuell festgelegt werden. Dafür reicht kein zweistündiges Meeting, sondern es ist ein Prozess des Bewusstwerdens darüber, welche Defizite bestehen, was diese bewirken und welcher Kurs eingeschlagen muss, um sie langfristig zu überwinden. Im Folgenden gebe ich den Lesern gerne drei Impulse an die Hand, welche Ziele Sie sich setzen können.

4.1 High Potentials gewinnen

High Potentials sind Talente, die überdurchschnittliche Leistungen erbringen. Sie haben bereits in der Schule und in der Universität Bestnoten erzielt, haben sich für ihre Karriere hohe Ziele gesteckt und sind bereit, eine entsprechende Leistung zu erbringen. Gegenüber anderen Kollegen stechen sie durch ein überdurchschnittliches Engagement hervor. In der Teamarbeit nehmen sie sehr schnell eine Leadership-Funktion ein und erwarten auch von ihren Arbeitgebern, dass sie Verantwortung übertragen bekommen. Schnell übernehmen High Potentials daher auch Führungspositionen in einem Unternehmen.

An dieser Stelle sei schon einmal ein Punkt aus einem späteren Kapitel zum Personalmarketing und dem Personalmanagement vorweggenommen. Es lohnt sich, auch bereits bestehende Mitarbeiter zu fördern und sie zu High Potentials auszubilden. Oftmals bleiben Potenziale von Mitarbeitern unerkannt, die auch das Zeug zum Leadership haben.

So oder so: High Potentials sind hart umkämpft auf dem Arbeitsmarkt. Über konventionelle Kanäle wie Stellenanzeigen im Internet können Sie diese Kandidaten kaum erreichen. Viel erfolgreicher wird ein Recruiting dann, wenn der Erstkontakt persönlich zum Beispiel über die Vermittlung durch einen anderen Mitarbeiter zustande gekommen ist oder auf einer Messe. Auch durch ein früheres Praktikum kann ein solcher Kontakt zustande kommen, aber an dieser Stelle greife ich schon dem Kapitel zum Thema „Maßnahmen" vor.

4.2 Steigerung Ihrer Attraktivität als Arbeitgeber

Einer der Hauptbestandteile des Employer Brandings ist die Steigerung der Arbeitgeberattraktivität. Talente und High Potentials sollen nicht durch diese oder jene Maßnahmen dazu überredet werden, in einem Unternehmen zu arbeiten, sondern im besten Fall selbst von dessen Leuchtkraft angezogen werden.

Je bekannter ein Unternehmen ist und je positiver das Image, desto schneller geht es, dass potenzielle Mitarbeiter ganz von selbst auf den Konzern zukommen. Wenn sich die Bewerber mit der Außenwahrnehmung des Unternehmens identifizieren können, dann entwickeln sie eine hohe Motivation, in diesem Unternehmen zu arbeiten – erst einmal ganz unabhängig von den Konditionen, die geboten werden. Zudem steigen auch die Rekrutierungsqualität und die Quantität der eingehenden Bewerbungen.

4.3 Steigerung der Mitarbeiterbindung

Diesen Punkt hatte ich bereits im Vorfeld an der einen oder anderen Stelle erwähnt. Trotzdem greife ich ihn an dieser Stelle der Ordnung halber noch einmal auf, weil er ebenfalls ein zentrales Anliegen im Employer Branding ist.

Es ist für Konzerne wichtig zu verstehen, dass Employer Branding eben nicht nur darauf abzielt, neue Mitarbeiter zu gewinnen. Ebenso bedeutsam ist die Bindung der bestehenden Mitarbeiter an ein Unternehmen, denn wenn die rekrutierten Mitarbeiter das Unternehmen gleich wieder verlassen, dann haben Sie nichts gewonnen. Im Gegenteil: Wenn der Bewerber den Vertrag unterschrieben hat, dann startet der wichtige Prozess der Mitarbeiterbindung. Langfristige Mitarbeiterloyalität ist ein geldwerter Vorteil in jedem Konzern und genau das sollte auch eine der wesentlichen Zielstellungen sein. Sie schaffen damit ein sicheres und stabiles Fundament.

> **Ihr Transfer in die Praxis**
> - Entwickeln Sie eine klare Zielvorgabe
> - Steigern Sie Ihre Attraktivität als Arbeitgeber
> - Fokussieren Sie sich auf die Mitarbeiterbindung statt auf die Akquise neuer Kollegen

Literatur

Laschko, V. Innovation ist keine Chefsache. https://www.personalwirtschaft.de/fuehrung/artikel/innovation-ist-keine-chefsache.html. Zugegriffen: 06. August 2021.

5

Den Ist-Zustand ermitteln

> **Was Sie aus diesem Kapitel mitnehmen**
>
> - Warum es wichtig ist, den IST-Zustand zu kennen
> - Welchen Stellenwert Mitarbeiterbefragungen im Employer Branding haben
> - Wie Sie den aktuellen Stand Ihres Employer Brandings ermitteln

Wenn alle Vorarbeit getan ist und alle Vorüberlegungen getroffen wurden, dann muss jetzt der Finger in die Wunde gelegt werden. Das bedeutet: Einen offenen und ehrlichen Blick darauf zu richten, ob es schon erste Schritte im Bereich Employer Branding gegeben hat und dabei wesentliche Fragen zu beantworten. Wie nehmen Mitarbeiter das Unternehmen wahr? Wie ist die Außenwahrnehmung? Auch bei der Ermittlung des Ist-Zustandes muss immer individuell vorgegangen werden. Exemplarisch finden Sie im Folgenden eine Auflistung, wie ein solches Vorgehen aussehen könnte.

5.1 Wie nehmen Mitarbeiter ihren Arbeitgeber wahr?

Erstaunlich häufig stelle ich in der Zusammenarbeit mit neuen Kunden fest, dass es gerade in diesem Bereich schon erste Ansätze gibt, ohne dass das Thema Employer Branding bislang auf der Agenda gestanden hat. Manchmal wurden bereits Mitarbeiterbefragungen durchgeführt oder es gab Feedbackgespräche, in denen eben nicht nur der Mitarbeiter, sondern auch das Unternehmen selbst durchleuchtet wurde. Sollte es solche Befragungen noch nicht gegeben haben, dann ist jetzt der beste Zeitpunkt dafür, damit anzufangen.

Mitarbeiterfeedbacks sollten generell immer eingeholt werden, um das Stimmungsbild innerhalb des Unternehmens einzufangen. Geeignete Fragestellungen könnten unter anderem sein:

- Wie empfinden Sie aktuell das Betriebsklima?
- Wie zufrieden sind Sie mit der Arbeit der Personalabteilung?
- Gefällt Ihnen Ihr Aufgabenbereich?
- Welche Gründe haben Sie, weiterhin auf Ihrem Arbeitsplatz zu bleiben?
- Tragen Sie sich aktuell mit dem Wunsch eines Arbeitgeberwechsels herum?
- Können Sie sich mit den Richtlinien des Unternehmens identifizieren?
- Wie ist Ihre Beziehung zu Ihren Vorgesetzten?
- Wie gut oder schlecht empfinden Sie die interne Kommunikation
- Fühlen Sie sich wertgeschätzt?
- Haben Sie Ängste in Bezug auf Ihren Arbeitsplatz?
- Was wünschen Sie sich für die Zukunft?

Wenn Sie Ihre Firmenkultur nachhaltig verändern wollen, dann müssen Sie exakt darüber informiert sein, wie es um diese bestellt ist. Das kann manchmal wehtun, wenn die Ergebnisse der Evaluation weit hinter den eigenen Erwartungen zurückbleiben. Die gute Nachricht lautet: Es gibt etwas, um die Mitarbeiterzufriedenheit zu verbessern und die interne Wahrnehmung des Unternehmens zu verbessern – Employer Branding.

Unternehmen sind immer gut beraten, wenn sie eine offene Kommunikationskultur betreiben. Zwar dürfen und sollten die Umfragen anonym sein, wenn Sie halbwegs ehrliche Ergebnisse erwarten. Die Ergebnisse können und sollten aber offen kommuniziert werden – trotz und gerade dann, wenn in einigen Bereichen große Defizite offengelegt wurden. Das schafft Vertrauen und beruhigt vielleicht etwas das Brodeln in der Gerüchteküche.

Ein Beispiel
Ich kann mich an ein Unternehmen erinnern, dass sehr lange auf dem Markt Einzelkämpfer war und in seiner Sparte keine Konkurrenz hatte. Plötzlich kamen Mitbewerber ins Spiel. Während die Geschäftsführung damit beschäftigt war, Kundenbindungsprogramme und Marketingprogramme zu initiieren, wurde eine ganz andere Bedrohung vollständig außer Acht gelassen: die Fluktuation der Mitarbeiter. Diese empfanden die neue Situation als sehr bedrohlich für ihren Arbeitsplatz und fingen an, sich anderweitig zu bewerben aus Angst, ihren Arbeitsplatz aufgrund einer Firmenpleite zu verlieren. Während Marketing und Vertrieb die Situation in den Griff bekamen und bestehende Kunden durch verschiedene Maßnahmen binden konnten, trat plötzlich eine für das Unternehmen unerwartete Fluktuation ein. Die Mitarbeiter wurden nicht mitgenommen und trafen dann eben ihre eigenen Entschlüsse. Über den Flurfunk verbreiteten sich zudem Gerüchte, die bei einer rechtzeitigen Mitarbeiterbefragung und einer offenen Kommunikation wesentlich schneller hätten aus dem Weg geräumt werden können. Als ich ins Unternehmen kam, war eine meiner ersten Handlungen daher die Initiierung einer Mitarbeiterbefragung. Die Ergebnisse waren zu diesem Zeitpunkt wenig überraschend und zeigten, dass die Angst vor dem Jobverlust die sprungartig ansteigende Fluktuation begründete.

Auch wenn ich etwas abgeschweift bin von der Kernfrage, wie Mitarbeiter ihren Arbeitgeber wahrnehmen, wird aus diesem Beispiel eines klar: Es ist sehr wichtig, die Stimmung und die Atmosphäre der Belegschaft im Blick zu haben, um negative Tendenzen rechtzeitig zu erkennen und vor allem gegensteuern zu können. Gleichzeitig sind Teambefragungen auch die Essenz im Employer Branding.

5.2 Was sind die Stärken und Schwächen Ihres Konzerns?

An dieser Stelle soll es darum gehen, was Sie selbst als Konzern ausmacht. Diese Frage sollte von möglichst vielen Personen aus der Führungsebene beantwortet werden.

Ein Mittel der Wahl kann eine sogenannte SWOT-Analyse sein. Die Abkürzungen stehen für:

- S = Strengths (Stärken)
- W = Weaknesses (Schwächen)
- O = Opportunities (Chancen)
- T = Threats (Risiken)

Im Idealfall sollte diese Analyse nicht erst dann gemacht werden, wenn der Konzern in einer akuten Krisensituation steckt.

Die Stärken und Schwächen lassen sich am besten im direkten Vergleich mit der Konkurrenz herausfinden. Hier können auch Faktoren wie die Qualität Ihrer Produkte, das Image, spezielles Know-how auf dem Markt, der Innovationsgrad und auch die verkehrstechnische Anbindung auftauchen. Auch der Firmensitz kann eine wichtige Rolle spielen, was wir anhand des adidas-Beispiels gesehen haben. Wichtig ist, dass Sie insbesondere mit den Schwächen ehrlich umgehen. Nur dann kann auch eine Veränderung stattfinden. Machen Sie sich bewusst: Die Stärken und Schwächen sind das, was Sie aktiv beeinflussen können.

Auf Ihre Chancen und Risiken haben Sie dagegen nicht so viel Einfluss. Das obenstehende Beispiel hat gezeigt, dass manchmal unerwartet plötzlich ein neuer Mitbewerber auf den Markt kommt, den niemand vorab auf dem Plan hatte. Auch Gesetzesänderungen und der demografische Wandel sind Dinge, die Sie nicht beeinflussen können. Es kann auch passieren, dass sich die Konsumwünsche der Kunden ändern, neue Zielgruppen auf den Markt stürmen oder ein Wertewandel stattfindet. Dies kann für den einen eine Chance und für den anderen ein Risiko sein. Wichtig ist auch hier, sich dieser Chancen und Risiken bewusst zu sein und sie immer im Blick zu behalten.

5.3 Was bieten Sie Bewerbern?

Machen wir uns nichts vor: Natürlich kommen Mitarbeiter zur Arbeit, weil sie damit ihren Lebensunterhalt verdienen. Das können sie mit allen anderen Jobs aber auch. Unternehmen müssen also Merkmale schaffen, mit denen sie sich von anderen Firmen in Bezug auf die Benefits abheben. In diesem Zusammenhang meine ich mit Benefits aber nicht nur die rein wirtschaftlichen Anreize – auch ein nettes Arbeitsklima und eine besondere Wertschätzung sind etwas, was Sie Ihren Mitbewerbern bieten. Was ist also aus Ihrer Sicht das, was Sie gegenüber Bewerbern als das Argument anbringen, warum sie bei Ihnen und nirgendwo anders arbeiten sollten?

5.4 Warum haben Bewerber einen Arbeitsvertrag nicht unterschrieben?

Sie haben einen geeigneten Kandidaten zum Bewerbungsgespräch eingeladen, ihm einen Arbeitsvertrag zugeschickt – und dann nie wieder etwas von diesem Bewerber gehört? Dann ist dieser Bewerber eine wertvolle Informationsquelle für Sie, um Schwächen aufzudecken, die im Rahmen des Employer-Branding-Prozesses angegangen werden können.

Um Antworten zu bekommen, sollte die HR-Abteilung aktiv auf diese Kandidaten zugehen. Es geht nicht darum, sie doch noch zu einer Unterschrift zu drängen, sondern ihnen wichtige Antworten zu darüber zu entlocken, warum der- oder diejenige den Vertrag doch nicht unterschrieben hat.

5.5 Wie sind Ihre Mitbewerber in Bezug auf ihre Employer-Branding-Strategie aufgestellt?

Die Analyse eines Ist-Zustandes kann niemals alleinstehend und unabhängig von den Mitbewerbern erfolgen. Die Konkurrenzanalyse zeigt die Stärken und Schwächen anderer Konzerne auf. Daraus können

Unternehmen einerseits Rückschlüsse ziehen, wo andere Konzerne angreifbar sind und auf der anderen Seite auch von ihnen lernen.

Es gibt zahlreiche Recherchequellen, die Sie zurate ziehen können. Dazu gehören Social-Media-Accounts der Firmen, Karriereseiten der Mitbewerber im Internet oder Teilnahmen an Jobmessen. HR-Abteilungen sollten sich an dieser Stelle nicht das Ziel setzen, die Maßnahmen 1:1 zu kopieren. Nehmen Sie lediglich die Impulse wahr, in welche Richtung HR- und Employer-Branding-Maßnahmen der Konkurrenz gehen.

> **Ihr Transfer in die Praxis**
> - Werfen Sie einen ehrlichen Blick auf Ihr Unternehmen
> - Identifizieren Sie die Stärken und Schwächen Ihres Konzerns
> - Reflektieren Sie gründlich erfolglose Bewerbungsprozesse

Literatur

Wilke, A.: So finden Sie die Stärken und Schwächen Ihrer Firma. https://www.impulse.de/management/unternehmensfuehrung/swot-analyse/2195130.html. Zugegriffen: 06. August 2021.

Fleig, Dr. j. So wird eine SWOT-Analyse erstellt. https://www.business-wissen.de/artikel/swot-analyse-so-wird-eine-swot-analyse-erstellt/. Zugegriffen: 06. August 2021.

6

Die Employer Value Proposition

> **Was Sie aus diesem Kapitel mitnehmen können**
>
> - Was eine Employer Value Proposition (EVP) ist
> - Welchen Mehrwert die EVP in Konzernen hat
> - Wie Sie eine individuelle EVP entwickeln
> - Wie sich die Erfolge später messen lassen

Frei aus dem Englischen übersetzt ist die *Employer Value Proposition* das Werteversprechen, das ein Unternehmen seinen Mitarbeitern gibt. Sie beantwortet die Frage, warum sich ein Kandidat für dieses Unternehmen entscheiden sollte und nicht für einen der Mitbewerber und stellt damit die Arbeitgeberpositionierung auf dem Markt dar. Die Employer Branding Proposition ist die Summe aller Vorteile, die ein Unternehmen als Arbeitgeber attraktiv machen. Sie ist aber nicht zu verwechseln mit den Benefits wie der Höhe der Vergütung oder Tankgutscheinen am Monatsende, sondern es wird die kulturelle Ebene des Unternehmens betrachtet. Damit wird die EVP zu einem wesentlichen Bestandteil der Employer-Branding-Strategie. Sie bekommen ein Instrument an die Hand, mit dem Sie kommunizieren können, warum Sie einzigartig sind auf dem Markt und warum es für Bewerber zum höchsten Ziel werden sollte, einen Job in Ihrem Konzern zu bekommen.

6.1 Warum braucht ein Konzern eine Employer Value Proposition?

Mit der Employer Value Proposition schärfen Sie den Blick für das, was Sie als Arbeitgeber auszeichnet. Das Personalmarketing bekommt damit ein scharfes Schwert in die Hand, mit dem es sich durch die Konkurrenzlandschaft schlagen kann. Die EVP bildet das Fundament, auf dem Sie später gezielt Maßnahmen und Angebote sowohl für Bewerber als auch für bestehende Mitarbeiter schaffen können. Sie steigern damit die Effizienz Ihrer HR-Maßnahmen und bekommen wertvolle Impulse für das Personalmarketing.

Die EVP beeinflusst sämtliche Bereiche innerhalb des Konzerns. In Zeiten des Fachkräftemangels leistet sie einen wertvollen Beitrag dazu, Talente zu gewinnen und sie zu halten und schafft eine Motivation für Mitarbeiter, engagierter und produktiver zu arbeiten. Zudem stellt die EVP eine Vergleichbarkeit zwischen Unternehmen dar. Steigen zum Beispiel die Fluktuationsraten in Ihrem Betrieb, dann können Sie mit Blick auf Ihre EVP und die der Konkurrenz erkennen, woran es möglicherweise fehlt. Sie definieren mit der EVP Ihre Markenbotschaft und Ihre Alleinstellungsmerkmale auf dem Markt. Dies ist aus meiner Sicht eine unverzichtbare Vorarbeit, um im nächsten Schritt eine Employer-Branding-Strategie zu entwickeln.

6.2 Zielgruppenfokus und Authentizität: Das sollten Sie im Hinterkopf haben

Eine EVP ist ein komplexes Instrument, das viele unterschiedliche Aspekte berücksichtigt und vor allem Anreize für ganz unterschiedliche Zielgruppen schafft. Ein eigener Betriebskindergarten ist ein großer

Mehrwert für junge Eltern, lockt den alleinstehenden Programmierer aber nicht hinter dem Ofen hervor. Wenn ein Unternehmen sich besonders im Bereich des Umweltschutzes und der Nachhaltigkeit engagiert, gibt es auch dafür eine eigene Zielgruppe. Diese Tatsache sollte Ihnen immer präsent im Hinterkopf bleiben, wenn Sie an der Ausarbeitung Ihrer Employer Value Proposition arbeiten.

Bei meiner Arbeit mit großen Konzernen begegnen mir regelmäßig zwei Einbahnstraßen, die Konzerne gerne einschlagen. Firmen sehen gerne zu ihren Wettbewerbern auf, definieren deren EVP und versuchen nun, es ihnen gleich zu tun. Sie kopieren deren Werte, statt sich von der Konkurrenz durch eine individuelle EVP abzugrenzen. Der zweite Fehler, der gerne begangen wird, ist die Verwendung von zu allgemeingültigen Floskeln. In vielen Stellenanzeigen wird beispielsweise der Begriff „Angenehmer Arbeitsplatz" verwendet. Aber was genau kann man sich unter einem „angenehmen" Büroarbeitsplatz vorstellen? Würden Sie ein Hotelzimmer buchen, das im Internet als „angenehm" beschrieben wird? Werden Sie bei Ihrer EVP – und im zweiten Schritt dann auch bei Ihren Stellenausschreibungen – konkret. Haben die Mitarbeiter Meerblick, wenn sie aus dem Fenster sehen? Gibt es ein Multi-Space-Office oder New-Work-Konzepte? Mit einer gut überlegten EVP an der Hand wird es der HR-Abteilung zukünftig nicht mehr schwerfallen, die EVP zu definieren.

6.3 Entwicklung der Employer Value Proposition: Ein komplexer Prozess

Eine Employer Value Proposition kann sich niemand im Rahmen eines halbstündigen Meetings aus dem Ärmel schütteln. Die Entwicklung ist ein längerfristiger Prozess, für den es keine in Stein gemeißelte Vorgehensweise gibt. Auch hier muss immer im Einzelfall geschaut werden, an welchem Punkt der Konzern bereits steht und welche Vorgehensweise am besten geeignet ist, um das Ziel zu erreichen. Damit Sie eine ungefähre Vorstellung davon entwickeln, wie ein Prozess aussehen kann, an dessen Ende eine klar formulierte EVP steht, habe ich im Folgenden exemplarisch eine mögliche Vorgehensweise aufgezeigt.

1. **Arbeitsgruppe zusammenstellen**
   Die EVP sollte am Ende möglichst vielseitig und perspektivenreich sein. Sie sollte nicht nur die Sicht des bzw. der Geschäftsführer widerspiegeln, sondern auch Impulse aus der HR-Abteilung oder aus den einzelnen Teams bekommen. Suchen Sie sich also Stakeholder aus unterschiedlichen Abteilungen zusammen, die an der Ausarbeitung der Employer Value Proposition mitarbeiten können. Der Geschäftsführer hat den Blick dafür, wo er gerne hinmöchte und was seine unternehmerischen Ziele sind. Der Mitarbeiter ist mittendrin und weiß, wie und ob die angestrebten Werte bereits im Alltag gelebt werden. Die HR-Abteilung wiederum kennt die Reaktionen der Bewerber auf die anvisierten Ziele etc.
2. **Zielgruppe definieren**
   Die große Herausforderung insbesondere bei Konzernen besteht darin, dass die EVP immer ganz unterschiedliche Zielgruppen erreichen muss. Sie haben in der Regel wesentlich mehr und differenziertere Unternehmensbereiche als kleine und mittelständische Unternehmen. Eine mögliche Vorgehensweise kann sein, zunächst eine übergeordnete EVP zu entwickeln mit den zentralen Werten, die sich vom Geschäftsführer bis in die untersten Zweige des Betriebes ziehen. Auch hier ist es wieder wichtig: Keine Floskeln wie „Angenehmes Betriebsklima" schaffen. Wie soll dies konkret aussehen und anhand welcher Faktoren lässt sich messen, ob wirklich ein „angenehmes" Betriebsklima herrscht?

   Ich erinnere mich an ein Unternehmen, das im Rahmen der EVP definiert hat, wie Feedbacks im Unternehmen gegeben werden sollen. Es wurde festgelegt, dass Rückmeldungen im Rahmen der internen und externen Zusammenarbeit „konstruktiv" und „wertschätzend" zu erfolgen haben. Mit einer solchen Vorgabe kann jeder etwas anfangen und daran arbeiten, sie umzusetzen. Auch dies ist wieder ein Prozess, der nicht von heute auf morgen bewältigt werden kann. Aber es lohnt sich. Im besagten Unternehmen verbesserte sich das Betriebsklima allein durch diese Zielsetzung der EVP maßgeblich.

   Neben den allgemeinen Werten, die für alle gelten, kann die EVP im nächsten Schritt auf die einzelnen Zielgruppen zugeschnitten werden. Wer sich in der Zentrale in Berlin am Potsdamer Platz bewirbt hat eine andere Motivation, als diejenigen, die gerne in der Zweigstelle in Grevenbroich arbeiten möchten. In der konkreten Umsetzung sieht dies dann so aus, dass die HR-Abteilung bei der inhaltlichen Gestaltung der Stellenanzeigen zwei Zettel neben sich liegen hat. Auf dem einen steht die allgemeingültige EVP für alle Konzernmitarbeiter und auf der anderen die zielgruppenspezifische für diejenigen, die Sie in diesem Augenblick erreichen wollen.

3. **Ausarbeitung der unternehmerischen Werte**
   Dies ist der Punkt, der fester Bestandteil in jedem EVP-Entwicklungsprozess ist. Es soll am Ende nicht irgendeine, sondern genau Ihre EVP entstehen. Dafür müssen die Werte ausgearbeitet werden, die Sie als Unternehmen, als Arbeitgeber ausmachen. Dabei sollten Sie zwei wesentliche Bereiche voneinander abgrenzen: den Ist-Zustand und die Soll-Perspektive. Dies wird oft im Eifer des Gefechts verwechselt. Aus der Erfahrung heraus sind die Geschäftsführer während der Arbeit am Employer Branding Ihres Konzerns oft so euphorisch und tief mit dem Thema verbunden, dass sie Ihre Zielvorstellung mit dem aktuellen Entwicklungsstand der Firma verwechseln. Sie gehen dann zum Beispiel fest davon aus, dass jeder einzelne Mitarbeiter – selbst diejenigen, die sich aktuell im Elternjahr befinden – bereits eine wertschätzende Feedback-Kultur leben.
   An dieser Stelle arbeite ich gerne mit Workshops, in denen jeder aus seiner Perspektive wertvolle Impulse geben kann. Es beginnt mit einem Brainstorming und wird dann schnell klarer und konkreter. Am Ende dieses Schrittes sollte jedem Teilnehmer klar sein, welche Werte die zentrale Basis auf alle unternehmerischen Ebenen sind.
   Damit Sie einen Anhaltspunkt bekommen, über welche Themen Sie sich einer individuellen EVP nähern können, gebe ich Ihnen gerne im Folgenden für die Praxis noch einige Vorschläge an die Hand.

- Betriebskindergarten (Stärkung der Bindung junger Eltern an ein Unternehmen)
- Nachhaltigkeit (Ansprache umweltbewusster Bewerber und Mitarbeiter im Konzern)
- Gesundheitsmanagement (Angebote zur Gesunderhaltung zeugen von Wertschätzung)

- Bonuszahlungen (Weihnachtsgeld, Erfolgsvergütungen etc.)
- Teambuilding (Wie wichtig ist Ihnen der interne Zusammenhalt und was tun Sie dafür?)
- Arbeitsplatzsicherheit (Sind Arbeitsplätze in meinem Konzern sicher und zukunftsfähig)

Die Liste ließe sich an dieser Stelle beliebig fortsetzen. Wichtig ist, dass sie eine klare Antwort auf all diese Fragen haben und sich dazu eine klare Positionierung überlegen. Dabei sollten Sie Ihrem Konzern nichts aufstülpen, was einfach nicht in seine natürlich gewachsenen Strukturen passt. Die Werte sollten immer authentisch sein und zum Konzern passen.

4. **Abgrenzung vom Wettbewerb**
Verstehen Sie diese exemplarische Vorgehensweise zur Entwicklung einer EVP bitte nicht als lineare To-do-Liste, in der alle Punkte einfach nacheinander abgearbeitet werden müssen. Die Abgrenzung zum Wettbewerb muss in jeder Phase erfolgen. Prüfen Sie immer, wie die einzelnen Punkte (z. B. zum Betriebsklima, Haltung zur Nachhaltigkeit etc.) kommuniziert werden. Bei der Wettbewerbsanalyse muss immer die Frage mitschwingen: Was mache ich als Konzern anders als die Mitbewerber?

5. **EVP kommunizieren**
Wenn die vorläufige Entwicklung einer EVP (Wir erinnern uns: Employer Branding ist ein Prozess, der nie abgeschlossen sein wird) steht, dann geht es nun darum, wo und wie sie zum Einsatz kommt. Es nützt nichts, wenn sie einmal erstellt wurde, um diesen Punkt des Employer Brandings abzuschließen und anschließend in der Schublade verschwindet.

In jedem Fall müssen Sie mit allen Mitarbeitern ins Gespräch kommen, um die EVP zu kommunizieren. Welcher Kanal und welcher Weg dafür am besten geeignet sind, muss dann wirklich im Einzelfall entschieden werden. Nach außen wird die EVP zum Beispiel über die Karriereseite oder in Stellenanzeigen kommuniziert. Dort steht dann im Idealfall statt „Angenehmes Betriebsklima" eher „Wertschätzende Feedbackkultur".

Abschließend möchte ich noch einmal – weil es so wichtig ist – darauf hinweisen, dass Sie bei der Erarbeitung Ihrer EVP weg müssen von der Beliebigkeit. Standardisierte Floskeln locken niemanden mehr hinter dem Ofen hervor – erst recht nicht die High Potentials, die Sie erreichen wollen. Hinterfragen Sie bei jedem Punkt, ob wirklich klar ist, was darunter zu verstehen ist. Auch hier können Sie zum Beispiel Mitarbeiter befragen, die bislang noch nicht in den Employer-Branding-Prozess einbezogen wurden, ob Sie nachvollziehen können, was unter diesem und jenem Punkt gemeint ist.

6.4 Wie kann man die eigene EVP am besten messen?

Diese Frage gehört tatsächlich in der Praxis zu den am meisten gestellten, wenn es um die EVP geht. Verständlich, denn schließlich möchte man von etwas, in das man viel Zeit investiert hat, am Ende auch konkrete Erfolge sehen. Es gibt tatsächlich einige Möglichkeiten zur Messung der Employer Branding Value. Die einzelnen Kennzahlen müssen individuell auf die EVP abgestimmt werden.

Ein Beispiel: Sie haben dem betrieblichen Gesundheitsmanagement einen hohen Stellenwert innerhalb ihrer EVP beigemessen. Sie können die Erfolge der Umsetzung zum Beispiel daran messen, wie sich die Anzahl der Krankentage entwickelt. Wenn sie sich dazu entscheiden, einen Betriebskindergarten einzurichten, prüfen Sie doch mal, wie viele junge Eltern vorher und nachher in Ihrem Konzern arbeiten? Auf diese Weise können Sie jeden einzelnen Punkt innerhalb Ihrer EVP messen und eine Entwicklung beobachten. Das schafft wiederum Möglichkeiten, sie weiter zu verbessern und daran zu arbeiten.

> **Ihr Transfer in die Praxis**
>
> - Identifizieren Sie Ihre USP als Arbeitgeber
> - Nehmen Sie sich Zeit für die Entwicklung der Employer Branding Proposition
> - Identifizieren Sie KPI für die Messbarkeit Ihrer EBP

Literatur

Wagner, R. An 'Employee Value Proposition' Mindset Just Might Fix Employee Engagement. https://www.forbes.com/sites/roddwagner/2017/01/23/an-employee-value-proposition-mindset-just-might-fix-employee-engagement/?sh=5ee1f9a94c3d. Zugegriffen: 13. August 2021.

Employer Value Proposion. https://www.agentur-jungesherz.de/hr-glossar/employer-value-proposition/#ziel-der-employer-value-proposition. Zugegriffen: 13. August 2021.

In 5 Schritten zur Employer Value Proposion. https://www.personio.de/hr-lexikon/employer-value-proposition-die-basis-jeder-arbeitgebermarke/. Zugegriffen: 13. August 2021.

https://www.unisite.ch/rekrutierungsstrategie/evp-employer-value-proposition/. Zugegriffen: 13. August 2021.

7

Employer Branding und Recruiting in Konzernen

> **Was Sie aus diesem Kapitel mitnehmen können**
>
> - Wie Sie die besten Kandidaten am Markt erreichen
> - Wie modernes Recruiting heute aussieht
> - Wie Sie mehr Interessenten für Ihre Stellenanzeigen finden

Wie eingangs bereits erwähnt, darf Employer Branding nicht mit Recruiting gleichgesetzt werden. Dennoch ist das Recruiting ein wichtiger Bestandteil jeder Employer-Branding-Strategie. Employer Branding ist immer nach innen und nach außen gerichtet. Aus meiner Sicht muss es zunächst nach innen wirken, damit es authentisch nach außen strahlen und dort auch wahrgenommen werden kann. Sind Werte und Haltungen im Kern verankert, können sie auch an Bewerber und neue Mitarbeiter kommuniziert werden. In diesem Kapitel möchte ich ein Bewusstsein dafür schaffen, wie Bewerber heute nach neuen Arbeitgebern suchen, was sie erwarten und wie sie angesprochen werden möchten.

7.1 Die Candidate Journey & Candidate Experience

Die Candidate Journey bezeichnet die Reise, die ein Bewerber bzw. Kandidat unternimmt, bevor er als neuer Mitarbeiter in einem Unternehmen anfängt. Die Erfahrungen, die er auf diesem Weg macht, werden als Candidate Experience bezeichnet. Um diese Reise zu verstehen, müssen Personaler die Perspektive des Kandidaten einnehmen und hinterfragen, wo er mit dem Konzern in Kontakt kommen kann und welche Hürden sich möglicherweise unterwegs auftun können. Weil die Kenntnisse über die Candidate Journey und die Candidate Experience existenziell für das Employer Branding sind, möchte ich an dieser Stelle auch Ihren Blick dafür schärfen.

7.1.1 Suchen und Finden eines Arbeitgebers

Aus meiner Sicht ist es an dieser Stelle unverzichtbar, zwischen zwei Arten von Kandidaten zu unterscheiden.

1. **Die aktiv suchenden Bewerber**
   Aktiv suchende Kandidaten haben gerade entweder keinen Arbeitsplatz oder sie befinden sich am Ende Ihres Studiums und sondieren den Arbeitsmarkt. Sie werden also eine aktive Recherche betreiben, sind viel auf Stellenportalen unterwegs, suchen nach Karriereseiten im Internet und fragen vielleicht auch im Freundeskreis nach Empfehlungen. Um als Absolvent erste Erfahrungen zu sammeln oder aus der Arbeitslosigkeit herauszukommen, bewerben sich diese Kandidaten vielleicht auch auf Stellen, die nicht zu 100 % passend sind. Umso wichtiger ist es für die HR-Abteilung zu prüfen, ob die langfristigen Erwartungen mit dem harmonieren, was die Firma bieten kann. Grundsätzlich ist es aber leichter, einen aktiv suchenden Bewerber zu erreichen, als jemanden, der sich nur mit einem Wechselwunsch herumträgt, diesen aber noch nicht aktiv angegangen ist.

2. **Passive Kandidaten mit Wechselbereitschaft**
Zu dieser Gruppe gehören Arbeitnehmer, die aktuell in einem Beschäftigungsverhältnis stehen, dort aber nicht zufrieden sind. Sie sehen vielleicht langfristig keine Perspektive in dem Unternehmen, können ihr Familienleben nicht mit dem Beruf vereinbaren oder identifizieren sich nicht mit der Unternehmenskultur. Sie spüren einen Wechselwunsch, ohne dass sie bereits aktiv nach einer neuen Stelle gesucht haben oder Bewerbungen versendet haben. Diese Kandidaten müssen also mehr oder weniger „zufällig" auf Ihren Konzern aufmerksam werden und bei Ihnen das finden, was sie woanders vermissen. Um diese potenziellen neuen Mitarbeiter zu erreichen, ist es nicht ausreichend, einfach ein paar Stellenanzeigen zu veröffentlichen, denn diese findet er nicht ohne aktive Suche. Es ist bei diesen Kandidaten also existenziell, die Candidate Journey exakt zu definieren und neben den klassischen Angaben wie der Vergütung etc. auch die exklusiven Vorteile und die Werte des Konzerns zu kommunizieren. Es lohnt sich, denn unter den passiv wechselwilligen Arbeitnehmern befinden sich oftmals die Top-Talente. Sie werden nicht durch die eigene Recherche, sondern durch gelungene Kampagnen auf Ihren Konzern als Arbeitgeber aufmerksam.

Bewerber werden je nach Motivation und persönlicher Ausgangslage auf unterschiedlichen Wegen auf einen Arbeitgeber aufmerksam. Darauf sollen Sie im Recruiting besondere Rücksicht nehmen. Beachten Sie auch die Branche, in der Sie nach Kandidaten suchen. Wer für seine Marketingabteilung neue Kollegen sucht, der wird sie sicher gut in den sozialen Netzwerken erreichen. Softwareentwickler legen derweil meist großen Wert auf den Schutz ihrer Daten und sind weitaus seltener auf Instagram und Facebook vertreten. Sie nehmen ein Unternehmen eher wahr, wenn sie ein Technikvideo auf YouTube schauen und dort eine Werbeeinblendung sehen.

7.1.2 Die erste Kontaktaufnahme

Sie kennen vielleicht das Gefühl, das sich bei der ersten Begegnung mit einem Menschen einstellt. In den ersten drei Sekunden trifft das Unterbewusstsein schon eine erste Entscheidung darüber, ob die Person sympathisch ist. Dasselbe Prinzip gilt auch für den Erstkontakt mit einem Unternehmen, auf welchem Weg dieser auch immer stattfindet. Umso wichtiger ist es, auf allen Recruiting-Kanälen darauf zu achten, welchen Eindruck Sie damit bei einem potenziellen Kandidaten erzeugen.

Ein kleines Beispiel aus der Praxis, das auf ganzer Linie nach hinten losgegangen ist. IBM wollte mit einer eigenen Kampagne MINT-Frauen ansprechen und sie zu einer Bewerbung im Konzern begeistern. Dazu verbreitete der Konzern auf diversen Recruiting-Kanälen ein Foto von einer Frau und einem Fön mit der Message: „Join the campaign to re-engineer misperceptions about women in tech, one inventive hack at a time. Get inspired and start your Hack-A-Hair Dryer project." (Frei übersetzt: Technikaffine Frauen sollten sich bei IBM bewerben, um Vorurteile darüber zu entkräften, dass Frauen nicht in der Technik arbeiten können.) Die Rolle der Frauen in technischen Berufen zu stärken und sie dafür mit einem Fön abzulichten – dass da etwas nicht stimmen kann, hätte theoretisch schon dem Schüler-Praktikanten auffallen müssen. So erntete die Kampagne auch einen entsprechend großen Shitstorm. Das Unternehmen entschuldigte sich später und löschte die Kampagne aus ihren Kanälen.

Will sagen: Vermasseln Sie es nicht. Der Erstkontakt stellt die Weichen dafür, dass ein Bewerber den Weg weitergeht oder eben nicht. Er ist genauso wichtig, wie das Hemd oder das Kleid beim ersten Date. Hier muss der alte, aber sehr weise Spruch herhalten: Für den ersten Eindruck gibt es keine zweite Chance. Nutzen Sie Ihr Potenzial, sich ganz besonders schick zu machen und sich durch eine besondere und gut durchdachte Außendarstellung vom Wettbewerb abzuheben.

7.1.3 Den Kandidaten überzeugen

Der erste, große Schritt ist getan: Ein Kandidat ist auf Sie aufmerksam geworden. Jetzt sollte er die richtige Entscheidung treffen, sich bei Ihnen zu bewerben. An dieser Stelle gilt der Grundsatz: Bewerber sollten nicht überredet, sondern überzeugt werden. Dafür können Sie alle Instrumente einsetzen, die Ihnen im Rahmen des Employer Brandings zur Verfügung stehen und die ich Ihnen in den folgenden Kapiteln noch näher vorstellen werde.

Wichtig ist: Der potenzielle Bewerber muss die Argumente finden, die eine Bewerbung in Ihrem Konzern rechtfertigen. Da Sie in Stellenanzeigen oder anderweitigen Kampagnen keinen Platz für ausführliche Erläuterungen haben, müssen Sie Ihre exklusiven Benefits auf den Punkt bringen. Wie immer gilt es, dabei ehrlich und authentisch zu bleiben.

7.1.4 Den Bewerbungsprozess gestalten

„Bitte senden Sie uns Ihre vollständigen Bewerbungsunterlagen mit Zeugnissen und Lichtbild an die folgende Adresse […]" Zuweilen stellt sich das Gefühl ein, dass dieser Satz einfach von HR-Generation zu HR-Generation kopiert und erneut in die Stellenanzeige eingeführt ist. Der Bewerbungsprozess ist ein neuralgischer Punkt, an dem noch sehr viel schiefgehen kann. Ist er zu kompliziert oder aufwändig gestaltet, bricht der Kandidat den Bewerbungsprozess ab. In vielen Konzernen ist der Bewerbungsablauf strikt durchorganisiert. Dafür gibt es an den Bewerber klare Vorgaben, dass er zum Beispiel eine 30-stellige Kennzahl angeben müsse und sich vorab zunächst ein Zugangskonto mit Passwort einrichten muss. Während mittelständische Firmen von diesen Prozeduren schon leichter den Absprung geschafft haben, beharren Konzerne oftmals weiterhin auf diesen Prozessen. Die Folge: Ein langwieriges Ausfüllen irgendwelcher (oft auch noch überflüssiger) Formularfelder tut nichts dafür, dass am Ende auch tatsächlich eine Bewerbung bei Ihnen landet. Die Absprungrate ist entsprechend hoch und all Ihre Bemühungen zur ersten Kontaktaufnahme waren umsonst.

Bei einer zeitgemäßen Candidate Journey erreicht ein Bewerber einen festgelegten Ansprechpartner über viele Kanäle. Als sehr wirkungsvoll hat es sich in der jüngsten Vergangenheit bei meinen Projekten erwiesen, eine Kontaktmöglichkeit via WhatsApp anzubieten. Hier können erste allgemeine Fragen geklärt und die weitere Kommunikation inkl. der Zusendung der Bewerbungsunterlagen kann abgeklärt werden. Oft kann dieser Schritt sogar übersprungen werden und man vereinbart – nach Abklärung erster Fakten – gleich einen Gesprächstermin. Dies spricht vor allem die passiv wechselbereiten Kandidaten an, die oftmals noch gar keine aktuellen Bewerbungsunterlagen zur Hand haben und die Hürde dadurch noch einmal größer ist, sich in einen Bewerbungsprozess zu stürzen. Machen Sie es Ihren Bewerbern so leicht wie möglich, Sie zu kontaktieren.

Die Deutsche Bahn hat mit ihrem öffentlichen Verzicht auf Bewerbungsanschreiben ausnahmsweise mal für gute Presse gesorgt. Im März 2019 gab der Konzern bekannt, dass keine Anschreiben mehr verfasst werden müssen, wenn sich ein Bewerber für eine Stelle interessiert. Die Bilanz: merklich mehr Bewerbungen. Der Konzern hatte festgestellt, dass das Anschreiben oftmals eher eine Aneinanderreihung von Floskeln und daher auch wenig aussagekräftig ist. Zudem helfen oftmals Eltern oder Vorlagen aus dem Internet. Auf der anderen Seite muss die HR-Abteilung diese Anschreiben lesen und bekommt unwesentlich mehr Informationen als aus dem Lebenslauf. Die logische Konsequenz: der Verzicht auf das Anschreiben.

7.1.5 Die Einladung zum Vorstellungsgespräch

Zwischen der ersten Kontaktaufnahme und der Einladung zum Vorstellungstermin sollte nicht viel Zeit vergehen. In der Praxis erlebe ich es gerade in Konzernen noch immer häufig, dass durch einen komplexen Bewerbungsprozess sehr viel Zeit ins Land geht. Insbesondere bei sehr attraktiven Kandidaten ist eine sofortige Kontaktaufnahme Pflicht. Die HR-Abteilung sollte sich flexibel zeigen und am besten gleich mehrere Termine zur Auswahl stellen. Lange Wartezeiten implizieren mangelndes Interesse. Wenn Sie einen guten Freund oder eine Freundin zum Kaffee einladen und zwei Wochen keine Antwort bekommen, dann sinkt die Stimmung.

Sollten die Bewerber längere Anfahrtswege haben, bietet Sie einen finanziellen Ausgleich an. Je qualifizierter der Kandidat, desto mehr Benefits sollten Sie ihm bereits für das Vorstellungsgespräch bieten.

Ein Goodie, das sich in der Praxis bewährt hat: Holen Sie – zumindest zeitweise – einen netten Kollegen aus dem späteren Team dazu. Dadurch bekommt das Gespräch direkt einen Praxisbezug und es entsteht eine persönliche Bindung.

Auch wenn es am Ende nicht zu einem Arbeitsvertrag kommt: Man sieht sich immer zweimal im Leben. Der Bewerber wird auch mit anderen Menschen über seine Erfahrungen sprechen. Stellen Sie sich vor, ein Freund aus der High-Potential-Zielgruppe erzählt diesem Kandidaten dann, dass er sich in Ihrem Konzern beworben hat und erfährt dann von negativen Erlebnissen. Unabhängig davon, wie Sie am Ende mit einem Kandidaten auseinandergehen, sollten Sie immer für positive Erfahrungen sorgen.

7.1.6 Der Arbeitsvertrag

Im Arbeitsvertrag sollte sich genau das wiederfinden, was Sie mit dem Kandidaten besprochen haben. Der Arbeitsvertrag ist eine Art Visitenkarte Ihres Konzerns. Ein guter Arbeitsvertrag regelt natürlich alles notwendig-rechtliche, damit es später nicht zu Streitigkeiten kommen kann. Daneben vermittelt der Vertrag aber auch bereits wesentliche Eigenschaften der unternehmerischen Kultur. Haben Sie zum Beispiel konzernintern festgelegt, dass jeder bis hinaus zum Geschäftsführer geduzt wird, sollte diese Mentalität auch im Arbeitsvertrag aufgenommen werden.

Es sollte ein ausgewogenes Verhältnis zwischen den Rechten und den Pflichten bestehen. Der Arbeitnehmer sollte nicht das Gefühl bekommen, eine Liste von Erwartungen und Pflichten vor sich zu haben, sondern auch erkennen, was er als Gegenleistung dafür bekommt. Wenn ein Arbeitnehmer einen Vertrag in den Händen hält, ist er noch nicht automatisch unterschrieben. Es wird jetzt erst die finale Entscheidung gefällt.

Für den Arbeitsvertrag gilt allgemein, Risiken und Nutzen gegeneinander abzuwägen. Lohnt es sich wirklich, drei Seiten einzubauen, in denen Sie über die Verpfändung des Lohnes im Fall XY sprechen? Und müssen Sie tatsächlich darauf bestehen, dass Krankmeldungen bereits am ersten Tag eingereicht werden müssen? Die große Herausforderung besteht darin, einen rechtssicheren Vertrag aufzusetzen, der aber gleichzeitig Wertschätzung ausstrahlt und kein überschwängliches Misstrauen vermittelt.

Ein kleiner Expertentipp: Versenden Sie zusammen mit dem Arbeitsvertrag am besten schon einen kleinen Ablaufplan, wie es nach der Vertragsunterschrift weitergeht. Wann ist der erste Arbeitstag? Wo sollen sie sich melden? Je besser sich der Bewerber die weitere Vorgehensweise vorstellen kann, desto greifbarer wird die Anstellung.

7.2 Fachkräfte am Standort werben

„Warum in die Ferne schweifen, wenn das Gute liegt so nah?" Ein großer deutscher Dichter hat es auf den Punkt gebracht. Wenn es um Mitarbeiter- und Fachkräftegewinnung geht, dann nehmen HR-Abteilungen gerne das große Fernglas in die Hand und visieren den weit entferntesten Punkt am Horizont an. Oft werden dabei aber die Kandidaten vergessen, die gleich um die Ecke sind und gerade frisch ihren Abschluss an der Universität machen, die gerade mal 500 Meter vom Konzerngebäude entfernt ist.

Das Potenzial des Standortmarketings wird von vielen Konzernen verkannt. Young Professionals müssen nicht immer am anderen Ende des Landes wohnen, sondern stehen vielleicht gerade kurz vor dem Studienabschluss. Insbesondere größere Konzerne haben ihren Firmensitz oftmals etwas abseits großer Städte. Vielleicht gibt es in dieser Region viele Pendler, die unfreiwillig in der Woche von Haus und Hof getrennt sind und viel lieber vor der Haustür arbeiten möchten.

An dieser Stelle kommen Sie um eine detaillierte Standortanalyse nicht herum. Hier muss einbezogen werden, welche Fach- und Hochschulen sich in der Nähe befinden und wie gezielt Netzwerke aufgebaut werden können. Es gibt mittlerweile eine Reihe an qualifizierten Agenturen, die auf das Standortmarketing spezialisiert sind. Sie können nicht nur Fachkräfte von weit weg, sondern auch diejenigen ansprechen, die sich ganz in Ihrer Nähe befinden.

7.3 Die Gestaltung von Employer-Brand-Stellenanzeigen

Eine Stellenanzeige muss es schaffen, das Image eines Unternehmens authentisch zu präsentieren. Dabei darf natürlich auch die Vermittlung der Fakten nicht zu kurz kommen. Es muss ein ausgewogenes Verhältnis zwischen diesen beiden Ansprüchen hergestellt werden. Machen Sie sich bewusst, wie wichtig dieser Erstkontakt ist. Sie haben in der Stellenanzeige die große Aufgabe, durch ein sehr kleines Fenster zu zeigen, wie fantastisch die Aussicht dahinter ist. Vor vergleichbaren Herausforderungen steht ein Hotel, das in nur wenigen Bildern und Texten einen Urlaub im Haus und der Region erlebbar machen muss. Dabei sollten die Einblicke möglichst authentisch sein – wenn der Urlauber Meerblick erwartet, möchte er nicht am Ende auf einen Tümpel blicken. Die Stellanzeige ist ein Versprechen, das später auch eingelöst werden muss.

Das Portal Monster hat zusammen mit der Universität Frankfurt eine Eyetracking-Studie erstellt, bei denen jeweils 90 Teilnehmern eine klassische Stellenanzeige und der anderen Versuchsgruppe mit ebenfalls 90 Teilnehmern eine Employer-Brand-Anzeige vorgelegt wurden. Die Employer-Branding-Anzeige wurde im Schnitt 3,7 Minuten lang angesehen – was von einem deutlichen Interesse der Rezipienten zeugt. Die einfache Anzeige wurde nur durchschnittlich halb so lange angesehen.

Eine Employer-Brand-Stellenanzeige enthält nach Möglichkeit viele interaktive Elemente. Bewerber haben die Möglichkeit, innerhalb der Anzeige zu navigieren oder sich Videos anzusehen. Das Ziel ist es, einen lebendigen Eindruck des Unternehmens und seiner Kultur zu erzeugen. Im Folgenden gebe ich Ihnen gerne noch wichtige Tools an die Hand, mit denen Sie Employer-Brand-Stellenanzeigen gestalten können:

- Auffällige Farben
- Einbettung von Videos
- Intuitive Navigationselemente
- Ausdrucksstarke Bilder

7.4 E-Recruiting

Zugegeben: Recruiting umfasst im 21. Jahrhundert zum Großteil Maßnahmen, die im digitalen Raum getroffen werden. Trotzdem möchte ich diesem Bereich ein eigenes Kapitel widmen, weil es sehr spezielle Aspekte enthält, die gerade in großen Konzernen und mit einer entsprechend scharfen Konkurrenzsituation berücksichtigt werden müssen. Ein großer Vorteil des E-Recruitings besteht in der Messbarkeit der Erfolge. Zudem lassen sich Kampagnen zielgruppengenau ausspielen. Dadurch entstehen nur sehr geringe Streuverluste. Digitale Stellanzeigen, Jobseiten und Kampagnen lassen sich mit nur einem Klick aktualisieren und können untereinander im Rahmen eines Multi-Channel-Konzeptes kombiniert werden. Dadurch wird die Effizienz maßgeblich erhöht.

7.4.1 Die Karriereseite

Die Karriereseite ist das Medium, auf dem all Ihre Recruiting-Maßnahmen zusammenlaufen. Sie können davon ausgehen, dass jeder potenzielle Kandidat, der über einen Kanal auf Sie aufmerksam geworden ist, auch einen Blick auf die Karriereseite wirft. Die Karriereseite muss im Grunde dieselben Ansprüche erfüllen wie die Stellenanzeige. Das ist die authentische Vermittlung der Arbeitgebermarke und ein lebendiger Einblick in den tatsächlich gelebten Unternehmensalltag. Um eine solche Karriereseite aufzubauen, müssen Sie in der Entwicklung Ihrer Employer-Branding-Strategie schon ein großes Stück vorangekommen sein.

Die große Herausforderung, die bei einer Karriereseite für Konzerne gemeistert werden muss, besteht in der Vielseitigkeit der Stellenangebote. Die meisten Konzerne lösen dieses Problem durch zielgruppenspezifische Unterseiten. Der Großkonzern Starbucks personalisiert seine Karriereseite sogar. Interessenten werden gebeten, ihren Vornamen einzutragen, der dann an verschiedenen Stellen als Ansprache erscheint. Sie holen damit Webseitenbesucher aus der Anonymität und lassen sie damit schon an dieser Stelle zu einem Teil des Teams werden.

Was aus meiner Sicht häufig auf Karriereseiten fehlt, ist die transparente Darstellung des Recruiting-Prozesses. Den Bewerbern wird lediglich mitgeteilt, wohin Sie Ihre Bewerbung senden sollen, nicht aber, was danach passiert. Das ist aber genau das, was diese interessiert. Daher sollte die Karriereseite auch in dieser Hinsicht alle wichtigen Fragen beantworten. Was passiert, nachdem ich meine Bewerbung verschickt habe? Wann bekomme ich eine Antwort? Wie wird der Recruiting-Prozess fortgesetzt? Findet im nächsten Schritt ein Telefoninterview statt oder werde ich im positiven Fall direkt zum Bewerbungsgespräch eingeladen?

Das Softwareunternehmen „Talention" hat auf der hauseigenen Karriereseite eine Bildstrecke eingebunden, die Szenen aus dem Büroalltag zeigt. Außerdem ist eine Google-View-Ansicht eingebunden, die Bewerbern das Firmengebäude zeigt. Kandidaten werden zu einem virtuellen Spaziergang zum potenziellen Arbeitsplatz eingeladen, sehen die unmittelbare Nachbarschaft und dass ausreichend Parkplätze vor dem Firmengebäude vorhanden sind.

Empfehlenswert ist daneben die Einbindung von FAQs. Die Interessenten brauchen sich dann die Antworten auf ihre wichtigsten Fragen nicht zusammen zu suchen, sondern finden sie dort konkret vor. Definieren Sie einen persönlichen Ansprechpartner. Der Ordnung halber sei erwähnt, dass die Karriereseite natürlich immer mobiloptimiert sein muss.

7.4.2 Mobiloptimierung

Es hat sich schon lange ein Wandel vollzogen. Weit mehr als die Hälfte alle Zugriffe auf das Internet erfolgt heute via Smartphone oder anderen mobilen Endgeräten. Daher lautet die erste Regel für all Ihre Auftritte: Sie müssen mobiloptimiert sein. Das ist State of the Art. Zudem hat Google schon lange auf den „Mobile First"-Index umgestellt, was bedeutet, dass mobiloptimierte Seiten in der Suche vorrangig ausgegeben werden und andere sich mit den hinteren Plätzen begnügen müssen.

Neben der Karriereseite müssen auch Bewerbungsformulare an die mobile Nutzung angepasst werden. Achten Sie auf leicht klickbare Kontaktbuttons und verschlanken Sie den gesamten Prozess so stark wie möglich.

7.4.3 Recruiting-Videos

Recruiting-Filme gehören mittlerweile in die Top 5 der besten und effektivsten Kommunikationsmittel, um Personal auf sich aufmerksam zu machen. Es gibt eine Vielzahl an Ansätzen, wie Recruiting-Videos gestaltet werden können. Der gemeinsame Nenner ist auch hier wieder die Authentizität. Es nützt niemandem etwas, Schauspieler zu engagieren, die sich unter Palmen räkeln. Das Video sollte stattdessen einen authentischen Einblick in den unternehmerischen Alltag gewähren – mit echten Mitarbeitern und echten Arbeitsplätzen.

Am besten veranschaulichen lässt sich der Effekt, den ein Recruiting-Video hat, anhand positiver Beispiele. Sehenswert ist zum Beispiel der Recruitingfilm der Hochschulen Sachsens,[1] die erheblich mit Imageproblemen zu kämpfen haben. Ähnlich wie im weiter oben genannten adidas-Beispiel, wollen die Mitarbeiter durch einen Recruitingfilm von einem abgelegenen Standort begeistern, mit der Intention der Hochschule, junge Menschen für ein Studium nach Sachsen zu locken. Gezeigt wurden moderne Hörsäle, Kultur und Nachtleben, Freizeitmöglichkeiten. Gleichzeitig wurden sämtliche Vorurteile entkräftet, die mit dem Studienort verbunden waren. Aus meiner Sicht ein gelungenes Beispiel dafür, wie man im 21. Jahrhundert junge Menschen für etwas begeistern kann.

Wie man es stattdessen lieber nicht machen sollte, beweist eindrucksvoll ein Recruiting-Video des Bundesministeriums für Familie, Senioren, Frauen und Jugend.[2] Dort marschiert ein tollpatschiger und proletisch anmutender Schauspieler durch die Räumlichkeiten einer Pflegeschule mit dem Handy vor dem Gesicht und trifft beim Eintreten in den Klassenraum seine blondgelockte Traumfrau. Worum es genau in dem Video geht, für was geworben werden soll und wann der Bezug zum Pflegeberuf eigentlich hergestellt wird, bleibt aus meiner Sicht bis zum

---

[1] Video- und Filmproduktion aus Sachsen: https://www.youtube.com/watch?v=QxmwY75o4C8&t=115s. zugegriffen: 13. August 2021.
[2] Ehrenpflegas. https://www.youtube.com/watch?v=UTfzX03z4r4&t=294s. Zugegriffen: 13. August 2021.

Ende der knapp 5 Minuten nahezu offen, die zuweilen quälend lang sein können. Kommentare unter dem Video wurden deaktiviert.

Noch einmal: Ein zentrales Anliegen eines Recruiting-Videos ist und bleibt die Authentizität. Schauspieler zu engagieren, die eine vom Thema komplett losgelöste Szene spielen, ist aus meiner Sicht schon der erste große Fehler, mit dem Sie den Zweck des Videos verfehlen. Wenn sich ein potenzieller Bewerber ein solches Video ansieht, möchte er wissen, was ihn an seinem ersten Arbeitstag erwartet. Wie ist die Mentalität des Unternehmens? Gibt es eine internationale Zusammenstellung der Teams? Wie sind die Arbeitsplätze eingerichtet? Welche vom Gehalt unabhängigen Gründe sprechen dafür, mich in diesem Konzern zu bewerben?

Das Recruiting-Video sollte zwischen 1 und 3 Minuten lang sein und nicht mit zu viel Informationen überlastet werden. Wenn ich mit Kunden über Recruiting-Videos spreche, dann stelle ich häufig fest, dass sie oft den Anspruch haben, besonders originell zu sein und über das Ziel hinausschießen. Wer übermäßig kreativ sein möchte, schafft oftmals Fremdschäm-Momente. Ohne jemanden an dieser Stelle denunzieren zu wollen, gab es eine Zeitlang den Trend, die Mitarbeiter vor der Kamera rappen zu lassen. Ich kenne nicht eines dieser Recruiting-Videos, in dem dies tatsächlich geglückt wäre.

7.4.4 HR-SEO: Sich als Arbeitgeber finden lassen

Für diejenigen, die aktiv auf Jobsuche sind, sollten Sie mit der Optimierung Ihrer Kampagnen für die Suchmaschinen den Weg dafür ebnen, dass sie Sie auch finden. Nicht nur Sie veröffentlichen Stellenanzeigen, sondern auch der Wettbewerb. Auch der Karrierebereich der Webseite sollte so aufgestellt sein, dass er bei Google möglichst prominent gefunden wird.

Die meisten Konzerne haben für das Thema Marketing & Suchmaschinenoptimierung eigene Experten im Haus oder arbeiten eng mit einer spezialisierten Agentur zusammen. Google hat 2019 eine eigene Job-Box eingeführt, die immer dann eingeblendet wird, wenn jemand aktiv auf der Suche nach Stellenanzeigen ist. Konzerne machen viel richtig, wenn sie ihre Jobanzeigen und Karriereseiten so optimieren, dass Sie auf die ersten Plätze kommen.

Neben der Einbettung wichtiger Suchbegriffe sollten Sie sich auch Gedanken über die Job-Bezeichnung machen. Forschen Sie nach, ob jemand, der sich bei Ihnen als Personalleiter bewerben möchte, tatsächlich „Head of Human Resources" in die Suchmaschine eingibt. Die URL, unter der die Anzeige bzw. die Seite erreichbar ist, sollte nicht kryptisch, sondern sprechend sein. Ein Beispiel: Statt www.meine-seite.de/stellenanzeige_673294798Vfjlghsd.de sollte ein URL etwa so gestaltet werden: www.meine-seite.de/stellenanzeige_personalleiter.

Auch die regionale Ausrichtung ist wichtig, wenn Sie Personal für einen bestimmten Standort suchen. Jobsuchende möchten in der Regel in einer bestimmten Stadt arbeiten und suchen nach „Vertriebsleiter in Hamburg". Daher sollte aus SEO-Sicht in der Anzeige immer ein Ortsbezug hergestellt werden. Berücksichtigen Sie technische Aspekte wie die Mobil-Optimierung und die Hinterlegung von Meta-Tags. Zudem gibt es in der Bibliothek für strukturierte Daten ein JobPosting-Markup, das gesetzt werden kann, um Google an dieser Stelle konkret auszuweisen, dass es sich um eine Stellenanzeige handelt.

Um die Conversions zu erhöhen, darf niemals die Call-to-Action, also die Handlungsaufforderung fehlen. Sie liefert oft den entscheidenden Impuls dafür, das Bewerbungsformular zu öffnen bzw. sich auf die Karriereseite weiterleiten zu lassen.

Sprechen wir an dieser Stelle noch über Sharing-Buttons. Im Idealfall passiert Folgendes: Es wird jemand auf die Stellenanzeige aufmerksam, der sich aber nicht aktiv bei Ihnen bewerben möchte. Er kennt allerdings einen Freund, zu dem der Job perfekt passt und von dem er weiß, dass er aktuell unzufrieden ist in seinem Job. Also klickt er auf den Facebook-Button und empfiehlt die Anzeige an den Freund weiter, der sie beim nächsten Check seines Facebook-Profils direkt vor sich hat. Kleine Dinge können manchmal eine sehr große Wirkung haben.

7.4.5 Einbindung neuer Werbeformate

HR-Abteilungen müssen im digitalen Zeitalter offen sein für Neues. Es sind in den vergangenen Jahren unzählige neue Werbeformate auf den Markt geströmt – nicht alle sind auch für jedes Unternehmen gleichermaßen gut geeignet. Durch die Nutzung solcher Formate können Sie einerseits freie Stellen in Ihrem Unternehmen bewerben, setzen aber auf der anderen Seite einen weiteren Baustein in Ihrem Employer-Branding-Konzept. Wenn ein Kandidat via Spotify auf Sie aufmerksam wird, ist das irgendwie cool und zeigt, dass Sie am Puls der Zeit agieren. Als kleinen Input beschreibe ich im Folgenden zwei neue Werbeformen, die Konzerne in Ihr E-Recruiting aufnehmen könnten:

Audio & Podcast Ads auf Spotify
Der beliebte Streaming-Dienst Spotify bietet verschiedene Nutzungskonzepte an. Wer nicht bezahlen möchte, hört alle drei Songs eine kurze Werbeeinblendung. Da nach eigenen Angaben des Dienstes 55 % der Nutzer den „Freemium"-Zugang nutzen, scheint diese Werbung eine hohe Akzeptanz zu haben. Zudem ist nicht davon auszugehen, dass sie während der kurzen Werbeunterbrechung jedes Mal die Kopfhörer abnehmen. Wer sich einmal die Mühe macht, ein paar dieser Audio Ads anzuhören erkennt: Sie sind spritzig und vermitteln nur eine Kerninformation („Pflegekräfte für Unternehmen XY gesucht"). Alles rundherum ist Employer Branding. Die Musik im Hintergrund. Eine junge, aufgeweckte Stimme. Der Spirit, der in 30 Sekunden vermittelt werden kann. Solche Audio Ads müssen das Budget der HR-Abteilung nicht zwangsläufig sprengen. Für einen ersten Test liegt das Mindestbuchungsvolumen bei 250 €.

Neben den Audio Ads, die einfach zwischen der Musik ausgespielt werden, sind auch Podcast Ads lohnenswert. Sie können sich hier themenspezifisch einen Podcast auswählen, der zu Ihrer Branche passt und der von potenziell vielen geeigneten Kandidaten angehört wird. Ein großer Vorteil: Diese Werbeformate werden nicht nur denjenigen ausgegeben, die Spotify kostenfrei nutzen, sondern auch den Premium-Nutzern.

Interessant zu wissen: Die Hauptzielgruppe bei Spotify sind Azubis, Studenten und Young Professionals, also Menschen, die noch ganz am Anfang ihrer Karriere stehen. Davon haben 42,5 % die Allgemeine Hochschulreife abgelegt. Holen Sie diese Menschen also am besten gezielt dort ab, wo sie sich aufhalten.

E-Recruiting auf TikTok
Auf diesem potenziellen Recruiting-Kanal erreichen Sie vor allem diejenigen, die aktuell noch im Job sind, sich aber bereits mit dem Gedanken eines Wechsels herumtragen. Sie helfen dem Zufall also ein bisschen auf die Sprünge, indem Sie diesen Kandidaten zufällig im Social Web begegnen. Wer sich einmal ansehen möchte, wie die TikTok-Nutzung in der Praxis aussieht, kann sich den Kanal der Polizei NRW[3] ansehen. Dort wird auf sehr unterhaltsame Weise der Alltag eines Polizisten dargestellt. Auch hier liegen Recruiting und Employer Branding wieder sehr dicht beieinander. Sie machen einerseits auf sich als potenziellen Arbeitgeber aufmerksam, können auf der anderen Seite aber auch diese Plattform dazu nutzen, einen authentischen Einblick in Ihr Unternehmen, die Mitarbeiter, die Arbeitsplätze und die allgemeine Firmenphilosophie geben. Recruiting und Employer Branding spielen also wieder Hand in Hand.

7.5 Recrutainment

Als Recrutainment bezeichnet man eine Methode im Employer Branding, mit der auf spielerische Weise potenzielle Interessenten angesprochen werden. Recruiting und Entertainment liegen damit eng beieinander. Und Menschen wohnt ein Spieltrieb inne, der uns sprichwörtlich von der Wiege bis zur Bahre erhalten bleibt. Recrutainment macht sich diesen Spieltrieb zunutze, um die Eintönigkeit eines Bewerbungsprozesses zu durchbrechen,
    Die Ansätze, Methoden und Zielstellungen können dabei ganz unterschiedlich sein. Einige Konzerne schaffen zum Beispiel digitale Angebote, bei denen potenzielle Kandidaten mit auf eine interaktive Reise durch den Konzern geführt werden. Sie können sich dabei sogar in verschiedenen Positionen ausprobieren und bekommen einen tieferen Einblick in die Firmenphilosophie, als es eine einfache Stellenanzeige leisten könnte.

---

[3] TikTok-Kanal der Polizei NRW. https://www.tiktok.com/@polizei.nrw?. Zugegriffen: 20. August 2021.

Recrutainment-Ansätze können aber auch bei der Vorauswahl der Bewerber eingesetzt werden, um sie direkt auf die richtigen Positionen zu lenken. Es kann Skills der Bewerber ermitteln und sie durch spielerische Aufgaben in Bezug auf ihr Sozialverhalten, den eigenen Kenntnissen und Fähigkeiten auf den Zahn fühlen. Außerdem ist das Recrutainment ein starkes Instrument, mit dem Unternehmen ihre eigene Firmenkultur präsentieren und interaktiv erlebbar machen können.

Die Frankfurter Allgemeine titelte plakativ „Computerspiel statt Vorstellungsgespräch".[4] Die Umsetzungsmöglichkeiten sind nahezu grenzenlos. Sie können Spiele entwickeln lassen oder Comicfiguren, die durch Ihre Räume führen. Kosten und Nutzen müssen individuell gegeneinander abgewogen werden und auch die zu besetzende Stelle muss Berücksichtigung finden. Generell haben solche Maßnahmen aber das große Potenzial, dass sie Aufmerksamkeit erzeugen und als Instrument eingesetzt werden können, um die richtigen Stellen mit den richtigen Kandidaten zu besetzen.

Auch Online-Assessments haben das große Potenzial, sie um spielerische Elemente zu bereichern. Dabei sollte es aber nicht zu trivial werden und das „Spiel" sollte einen konkreten Bezug zum Unternehmen oder zu der zu besetzenden Stelle haben.

7.6 Corporate Influencer für sich gewinnen

Der Begriff des Influencers ist – zumindest aus meiner Perspektive – negativ behaftet. Man sieht junge, überschminkte Menschen vor seinem geistigen Auge, die qualitätsarme Produkte in die Kamera halten, Codes einblenden und ihre Identität über die Anzahl ihrer Follower definieren. Natürlich sei der Ordnung halber an dieser Stelle erwähnt, dass nicht alle Influencer über einen Kamm geschoren werden können. Ich möchte nur an dieser Stelle ein Bewusstsein dafür schaffen, dass die Bemühungen

---

[4] Benrath; B: Computerspiel statt Vorstellungsgespräch. https://www.faz.net/aktuell/karriere-hochschule/buero-co/bewerbungstrend-recrutainment-spiel-statt-vorstellung-16116597.html. Zugegriffen: 20. August 2021.

eines Corporate Influencers stark von dem abweichen sollen, was allgemein so über Influencer bekannt ist.

Im Idealfall handelt es sich bei einem Corporate Influencer um einen ganz normalen, zufriedenen Mitarbeiter des Konzerns, der dem Unternehmen durch authentische Erfahrungsberichte mehr Sichtbarkeit verleiht. Um ausgewählten Mitarbeitern eine Stimme zu geben, kann zum Beispiel ein eigener Blog auf Facebook eingerichtet werden. Die Deutsche Telekom macht dies eindrucksvoll vor.

Unter dem Hashtag #Werkstolz berichten die Mitarbeiter, die zu Botschaftern ernannt worden sind, von ihrem Alltag im Unternehmen. Der Konzern gibt Richtlinien vor, an die sich alle halten müssen. Die interne Kommunikationskultur mit gegenseitiger Wertschätzung und einem respektvollen und vertrauensvollen Miteinander solle auch nach außen auf den Social-Media-Plattformen gelebt werden. Offene und kritische Beiträge seien dabei durchaus erwünscht, Diskriminierung dagegen nicht. Die Telekom schafft für die internen Botschafter sogar Weiterbildungsangebote wie „Twittern für Anfänger". Wer mitmachen möchte, muss vorab einen Aufnahmeprozess durchlaufen, in dem die Spreu vom Weizen getrennt wird.

Zugegeben: Es erfordert eine Menge Vertrauen, Mitarbeitern eine Plattform zu schaffen, auf der sie das Unternehmen aus ihrer Sicht nach außen darstellen. Aber genau das ist es, was auf Ihr Employer-Branding-Konto einzahlt. Wie wirkt es auf andere, wenn Sie zeigen, welche Kompetenzen Ihre Mitarbeiter erhalten und dass dort niemandem der Mund verboten wird? Ein derart hoher Grad der Authentizität schafft auf den ersten Blick Vertrauen und weckt vielleicht sogar das Begehren, selbst Teil dieser Community sein zu wollen.

7.7 Bewerber-Pools aufbauen

Talent Pools sind im modernen HR-Management nahezu unverzichtbar. Es handelt sich dabei um eine Datenbank, in der Sie all Ihre Kontakte und Bewerber aufnehmen, mit denen Sie jemals in Verbindung standen und die Ihnen auf die eine oder andere Weise noch einmal nützlich sein können. Erhalten Sie zum Beispiel auf eine ausgeschriebene Stelle drei sehr interessante Bewerbungen, dann können Sie unter diesen Kandidaten am Ende trotzdem nur einen auswählen.

Die anderen beiden Kandidaten sollten Sie sich trotzdem noch „warmhalten", denn vielleicht können sie zu einem späteren Zeitpunkt in das Unternehmen einsteigen oder eine andere Stelle besetzen. HR-Manager sollten zu den ausgeschiedenen Kandidaten einen netten Kontakt halten und sie fragen, ob ihre Kontakte für einen späteren Zeitpunkt gespeichert werden dürfen. Sollte eine neue Vakanz entstehen, dann fangen Sie mit dem Recruiting nicht bei 0 an, sondern können zunächst Ihre eigene Datenbank nach geeigneten Kandidaten für die Stelle durchsuchen.

Der große Vorteil: Sie haben bereits Informationen zu dem Kandidaten, haben ihn im Bewerbungsgespräch vielleicht sogar schon persönlich kennengelernt und wissen, dass er sich auch für das Unternehmen interessiert. Das ist die perfekte Ausgangssituation, wieder Kontakt aufzunehmen und das Risiko einer falschen Bewerberauswahl zu minimieren. Außerdem sinkt der Rekrutierungsaufwand signifikant.

Ihren Bewerber- & Talent-Pool füttern Sie nicht nur mit Bewerbern, die irgendwann aus dem Recruiting-Prozess ausgeschieden sind oder sich einfach zum falschen Zeitpunkt beworben haben. Auch Karrieremessen sind eine hervorragende Quelle, neue Kontakte aufzubauen. Speichern Sie die Kontakte Ihrer Praktikanten und Werkstudenten und nutzen Sie auch Schwarze Bretter in Hochschulen, um dort Kontakte zu generieren.

Je mehr dieser Talent-Pool wächst, desto stärker sollten Sie darin segmentieren, um schnell Zugriff auf die geeigneten Kandidaten zu bekommen. Neben der Qualifikation und der möglichen Position, die ein Kandidat aus dem Pool besetzen könnte, sollte es auch eine Segmentierung nach der Nähe geben, die eine Person bereits zum Unternehmen aufgebaut hat. War der- oder diejenige bereits 6 Monate als Werkstudent im Unternehmen, dann kann er anders angesprochen werden als ein Bewerber, der auf gut Glück nur eine Initiativbewerbung verschickt hat.

Besonders geeignete Kandidaten, die zu einem Zeitpunkt schon einmal Kontakt aufgenommen haben, sollten auch besonders hofiert werden. Richten Sie sich Erinnerungen für Geburtstagswünsche ein, laden Sie sie zu Firmenevents ein und – wenn der Kontakt gut ist – holen Sie sich doch mal ein ehrliches Feedback zu Ihrem Recruiting Vorgang ein.

7.8 Open Hiring

Einen Trend möchte ich Ihnen abschließend nicht vorenthalten. Open Hiring – zu Deutsch: „offene Einstellung". Im Kern geht es darum, dass ein Job ohne Vorstellungsgespräch vergeben wird einfach an denjenigen, der ihn haben will. Das Prinzip geht so: Im Unternehmen entsteht der Bedarf, eine Stelle (neu) zu besetzen. Dazu wird eine Stellenanzeige konzipiert, ohne dass im Anschluss ein Auswahlprozess stattfindet. Der Job wird nach dem Prinzip vergeben: „Wer zuerst kommt, kriegt den Zuschlag". Mindestkriterien werden nur für die Berufe definiert, in denen es rechtliche Anforderungen gibt. Für alle anderen Positionen wird weder auf den Lebenslauf noch auf die Ausbildung oder auf die Kompetenzen geschaut. Klingt mutig? Ist es auch! Der Fokus beim Open Hiring liegt auf dem Onboarding und der engmaschigen Betreuung bei der Einarbeitung. Es bekommen auch diejenigen Bewerber eine Chance, die andernfalls durch das Raster gefallen wären.

Das Konzept ist gar nicht so neu und innovativ, wie es klingt. Es wurde 1982 von der Greyston Bakery gegründet, einem Unternehmen, das von dem Buddhisten Mönch Bernie Glassmann gegründet wurde und dass seine Gewinne an die gemeinnützige Mutterorganisation gespendet hat, die es wiederum für die örtliche Gemeinde verwendete. Das Open Hiring wurde dort aus einer sozialen Motivation heraus eingeführt, um allen Menschen eine Chance zu geben, wieder auf den Arbeitsmarkt zu kommen.

Open Hiring ist natürlich nur in begrenzter Form anwendbar und hauptsächlich auch nur für einfachere Arbeiten wie zum Beispiel im Bereich des Einzelhandels oder der Lagerarbeit. Es versteht sich von selbst, dass sich niemand einfach so ohne Vorkenntnisse als Informatiker versuchen kann. Für die Besetzung hochkarätiger Stellen kommt das Open Hiring also eher nicht infrage.

Was soll das Ganze überhaupt bringen? Open Hiring soll die Nachteile eines klassischen Recruiting-Prozesses ausgleichen, der sehr viele Ressourcen verbraucht. Insbesondere in Konzernen mahlen die Mühlen langsam. Es werden Stellenanzeigen verfasst, die auf verschiedene Kanäle verteilt und regelmäßig aktualisiert werden müssen. Nach Eingang aller

Bewerbungen werden Kandidaten ausgewählt, die zu Bewerbungsgesprächen eingeladen werden. Oftmals sind diese Bewerbungsrunden sogar mehrstufig, sodass Wochen und Monate ins Land gehen, bevor tatsächlich ein Bewerber seinen ersten Arbeitstag antreten kann. Und selbst dann haben Sie noch immer nicht die Garantie, dass dieser Bewerber dann auch wirklich langfristig ins Unternehmen passt.

> **Ihr Transfer in die Praxis**
> - Verankern Sie Ihre Werte im Kern Ihres Unternehmens
> - Entwickeln Sie ein Verständnis für die Candidate Journey
> - Suchen Sie auch direkt an Ihrem Standort nach Fachkräften
> - Erstellen Sie professionelle Employer-Brand-Stellenanzeigen

Literatur

Hesse, G: Employer Branding Fail: IBM erntet Shitstorm für Kampagne. https://www.saatkorn.com/employer-branding-fail-ibm-mint-kampagne-geht-nach-hinten-los/. Zugegriffen: 13. August 2021.

Candidate Journey: in 7 Phasen zur Traumreise. https://www.personio.de/hr-lexikon/candidate-journey/. Zugegriffen: 13. August 2021.

Krieger, T.: Die Empoyer Branding-Anzeige auf der Überholspur. https://www.monster.de/mitarbeiter-finden/recruiting-tipps/einstellungsverfahren/rekrutierung/employer-branding-anzeige-124794/. Zugegriffen: 13. August 2021.

Warkentin, N.: E-Recruiting: Definition und Vorteile. https://karrierebibel.de/e-recruiting/. Zugegriffen: 13. August 2021.

https://jobs.talention.com/talent-network?__hstc=158386085.6eb4315a-4a9091997910e80a0b0baa17.1628255146756.1628852086244.1628855667958.4&__hssc=158386085.2.1628855667958&__hsfp=2282901852. Zugegriffen: 13. August 2021.

Ehrenpflegas. https://www.youtube.com/watch?v=UTfzX03z4r4&t=294s. Zugegriffen: 13. August 2021.

Weller, K: Spotify Ads: Personalmarketing mit dem beliebten Streamingdienst. https://wollmilchsau.de/personalmarketing/spotify-ads-personalmarketing/. Zugegriffen: 20. August 2021.

Weller, K.: Erfolgreiches Recruiting mit TikTok. https://wollmilchsau.de/human-resources/recruiting-mit-tiktok/. Zugegriffen: 20. August 2021.

dpa: Deutsche Bahn streicht Anschreiben „Wir wollen es den Bewerbern so einfach wie möglich machen". https://www.wiwo.de/erfolg/beruf/deutsche-bahn-streicht-anschreiben-wir-wollen-es-den-bewerbern-so-einfach-wie-moeglich-machen/22731404.html. Zugegriffen: 20. August 2021.

8

Personalmarketing & Personalmanagement

> **Was Sie aus diesem Kapitel mitnehmen**
>
> - Wie Sie Ihre Attraktivität als Arbeitgeber steigern
> - Wie Sie Mitarbeiter langfristig an Ihren Konzern binden
> - Wie Sie Recruitingkosten senken
> - Wie Sie Ihren Konzern mit dem richtigen HR-Management zukunftsfähig machen

Mit einem zielorientierten Personalmarketing können Sie Ihre Arbeitgebermarke schärfen und damit einen wichtigen Schritt in der Zielstellung des Employer Brandings gehen. Die Botschaften, die Sie im Rahmen des Personalmarketings und des Personalmanagements vermitteln, schöpfen Sie direkt aus Ihrer Employer-Branding-Strategie und den Werten, die Sie für die Employer Value Proposition definiert haben. Das Personalmarketing und das Personalmanagement sind insbesondere in großen Unternehmen ein weites Feld, sodass es auch an dieser Stelle keinen Anspruch auf Vollständigkeit gibt. Ich habe mir die aus meiner Sicht wichtigsten Aspekte ausgewählt, die mit Blick auf das Employer

Branding bei diesen Disziplinen berücksichtigt werden sollten. Wir setzen hier also an der Stelle an, an der Bewerber bereits den Arbeitsvertrag unterschrieben haben und nun Teil des Unternehmens geworden sind – vorerst. Denn wie bereits an vorheriger Stelle erwähnt, hört das Employer Branding an dieser Stelle nicht auf, sondern geht erst so richtig los. Es geht darum, sich nicht nur auf den ersten Blick als attraktiven Arbeitgeber zu präsentieren, sondern es im Kern auch zu sein.

8.1 Der Umgang mit Azubis im Konzern

Wer seine Azubis noch während der Ausbildungszeit an den Konzern bindet, braucht später keine neuen Mitarbeiter rekrutieren. So lautet die einfache Formel. In der Praxis habe ich es oft erlebt, dass Auszubildende wenig wahrgenommen werden. Es besteht die allgemeine Haltung, dass sie ja noch lernen und eben deshalb auch keinen so großen Beitrag zum unternehmerischen Alltag und der Entwicklung der Firma leisten. Diese Haltung spüren die Azubis und halten bestenfalls ihre drei Jahre durch, bevor sie dann ihrem Fluchtgedanken nachgehen und sich woanders bewerben. Sie haben also Zeit in die Ausbildung investiert und beginnen jedes Jahr von vorn damit, Fachkräfte für die Konkurrenz heranzuzüchten. Das mag ein wenig plakativ wirken, trifft aber den Kern.

Identifikation mit dem Unternehmen muss bei jedem Mitarbeiter ab dem ersten Tag geschaffen werden. Wertschätzung ist keine Frage des Alters oder der Zeit der Zugehörigkeit zu einem Unternehmen. Binden Sie Ihre Azubis in bestehende Rituale wie das gemeinsame Frühstück am Morgen oder die Teamsitzungen ein. Versuchen Sie, die Interessen der Jüngsten in Ihrem Unternehmen wahrzunehmen und schaffen Sie auch für diese Zielgruppe Angebote.

Die Generation Z, die heute ihre Ausbildung beginnt, ist mit digitalen Medien aufgewachsen. Sie haben sich digital in Gruppen organisiert, die die gleichen Interessen haben und mit denen sie sich auf Augenhöhe austauschen konnten. Das hat vielfach aber auch dazu geführt, dass ihnen die Kompetenz, sich auch mit anderen Gruppen auseinanderzusetzen, die nicht die gleichen Interessen teilen, ein Stück weit verloren gegangen ist. Hier haben die Ausbilder die große Verantwortung, die Kommunikation zu fördern und den jungen Menschen die Werte des Unternehmens vom ersten Tag an zu vermitteln.

Nehmen wir noch einmal das Beispiel der wertschätzenden Feedbacks. Auch den Azubis muss vorgelebt werden, wie die Fehlerkultur im Unternehmen gelebt wird. Sie sollten sich von Anfang an als Teil des Teams fühlen, als Teil einer Familie. Dann stehen die Chancen gut, dass sich die Energie, die Sie in die Ausbildung stecken, auch langfristig für Sie auszahlen wird.

8.2 Bildungsangebote schaffen

Bildungsangebote sind ein sehr starkes Mittel zur Mitarbeitermotivation und Mitarbeiterbindung. Ihre Bemühungen sollten dahin gehen, dass Ihre Mitarbeiter nicht nur des Geldes wegen am Morgen bei Ihnen aufschlagen, sondern weil sie tatsächlich etwas erreichen wollen. Und dafür müssen immer wieder neue Anreize geschaffen werden. Durch Bildungsangebote erhöhen Sie nicht nur das Know-how Ihrer Mitarbeiter, sondern erzeugen auch eine Bindung an das Unternehmen. Sie haben dadurch die große Chance, Fachkräfte zu Führungskräften auszubauen und müssen diese dann nicht aufwändig über die HR-Abteilung suchen lassen. Regelmäßig in die Aus- und Weiterbildung der eigenen Mitarbeiter zu investieren, ist keine Kür, sondern Pflicht. Daher will ich an dieser Stelle auch gar nicht mehr weiter darauf eingehen.

8.3 Job Rotation

Bei der Job Rotation handelt es sich um ein Instrument zur modernen Gestaltung von Arbeitsplätzen, Im Kern geht es darum, dass insbesondere langjährigen Mitarbeitern keine Scheuklappen wachsen und sie auch Einblicke in andere Abteilungen bekommen für einen ganzheitlichen Blick auf die eigenen Tätigkeitsbereiche. In vielen Konzernen ist es bis heute so, dass jeder Mitarbeiter an einem kleinen Baustein arbeitet, der irgendwo ins Gesamtgefüge eingesetzt wird. Was am Ende aber daraus entstehen soll, bleibt unklar.

In der Praxis sieht die Job Rotation so aus, dass Mitarbeiter in einem festen Rotationsverfahren ihre Arbeitsplätze innerhalb des Konzerns wechseln. Dabei soll jetzt nicht der HR-Mitarbeiter plötzlich die Webseite programmieren, sondern die Tauschplätze müssen gut und sinnvoll ausgewählt werden. Stellt ein Unternehmen zum Beispiel mehrere Produkte her, dann können die Mitarbeiter aus der Entwicklung oder der Produktion frischen Wind in die jeweiligen Abteilungen bringen, wenn sie regelmäßig zwischen den jeweiligen Abteilungen wechseln.

Man unterscheidet zwischen einem Job Enlargement und einem Job Enrichment. Arbeitnehmer können entweder gleichwertige Aufgaben übernehmen oder sie werden mit einem anspruchsvolleren Aufgabenbereich betraut. Dieses Modell kommt häufig dann zum Einsatz, wenn Mitarbeiter als Führungskräfte ausgebildet werden sollen.

Job Rotation kann eine Menge Vorteile generieren insbesondere im Hinblick auf Ihre Führungs- und Unternehmenskultur. Sie schafft für alle Mitarbeiter ein höheres Verständnis über die Zusammenhänge innerhalb des Unternehmens und damit auch Wertschätzung für die Arbeit der Kollegen. Ich habe oftmals in größeren Unternehmen wahrgenommen, dass die Arbeit der Kollegen aus dem Marketing gegenüber der Arbeit der Produktion bzw. der Operative abgewertet wird. „Während wir hier arbeiten, malen die bunte Bilder." Der Grund ist schlichtweg die fehlende Einsicht für die Arbeit, die tatsächlich geleistet wird. Denn nur, wenn Aufträge auch generiert werden, können sie an die Produktion weitergegeben werden.

Ein positiver Nebeneffekt: Sie fördern mit der Job Rotation die individuellen Fähigkeiten der Mitarbeiter und haben im Krankheitsfall schnell mal jemanden zur Hand, der sich ebenfalls in der Abteilung auskennt und wichtige Aufgabenbereiche kurzfristig übernehmen kann.

Ein kurzer Hinweis zum Schluss: Job Rotation ist nicht die eierlegende Wollmilchsau im Employer Branding. Es ist ein Punkt auf der Liste, die speziell für Ihren Konzern überlegt werden kann. Nicht immer stößt das Konzept bei Mitarbeitern auf Begeisterung. Wer seinen Job liebt, möchte vielleicht niemand anderen die Suppe versalzen lassen oder kriegt es vielleicht sogar mit der Angst, jemand anders würde es besser machen und dadurch die eigene Position in Gefahr bringen. Außerdem kann die Produktivität gefährdet werden, wenn zu häufig Mitarbeiter in andere

Bereiche eingearbeitet werden müssen. Daher gilt auch hier: alle Vor- und Nachteile gegeneinander abwägen und das richtige Maß finden.

8.4 Talent Management

Ich kann es gar nicht oft genug noch einmal in Erinnerung rufen, dass es beim Employer Branding mindestens zu 50 % darum geht, bestehende Mitarbeiter an das Unternehmen zu binden und Identifikation zu schaffen. Während sich in kleinen und vielen mittelständischen Unternehmen oftmals noch alle untereinander kennen und daher auch ihre Stärken, Schwächen und Talente kennen, geht dieser Umstand mit zunehmender Unternehmensgröße verloren. Viele große Konzerne haben gar keinen Überblick darüber, was tatsächlich in ihren Mitarbeitern steckt und welche großen Entwicklungspotenziale sie haben. Stattdessen kommen die Mitarbeiter einfach jeden Morgen zur Arbeit, verrichten die anstehenden Tätigkeiten und gehen am Abend wieder nach Hause. Soviel zum Ist-Zustand, aber wie kann man dieses Leck nun beseitigen? Indem man Talent Pools einrichtet.

Sie brauchen eine zentrale Stelle, an der alle Informationen über die Talente der Mitarbeiter zusammenlaufen. Oftmals haben vielleicht noch die direkten Vorgesetzten Informationen darüber, was der Mitarbeiter sonst noch so draufhat, wie schnell er sich in neue Aufgaben einarbeiten kann und wie groß sein Interesse daran ist, sich im Unternehmen weiterzuentwickeln. Damit die Entscheider Zugriff auf diese Informationen bekommen, brauchen insbesondere Konzerne ein strukturiertes Talent-Management.

Der Weg zum Ziel ist eine zentrale HR-Datenbank, in der die Kompetenzprofile aller Mitarbeiter zusammenlaufen. Durch den Zugriff auf diese Profile können Sie wesentlich vorausschauender planen. Statt aufwändig Bewerber für eine neue Stelle zu rekrutieren, haben Sie vielleicht bereits einen geeigneten Kandidaten im Haus, den Sie mit entsprechenden Weiterbildungsangeboten dorthin entwickeln können. Das reduziert nicht nur die Rekrutierungskosten, sondern stärkt auch die Bindung an ein Unternehmen. Mitarbeiter, die in ihren Stärken erkannt werden, fühlen sich wertgeschätzt.

Informationsquellen für diese Datenbanken sind vor allem die direkten Vorgesetzten, aber auch Zielgespräche mit den Mitarbeitern. Fragen Sie regelmäßig nach, wofür sich die Mitarbeiter interessieren und was sie gerne erreichen wollen.

Diese Mitarbeiterprofile helfen Ihnen auch dabei, das Unternehmen zukunftsfähig zu machen und es auf neue Erfordernisse des Marktes auszurichten. Sie können Entwicklungsmaßnahmen und HR-Entscheidungen langfristig planen.

> **Ihr Transfer in die Praxis**
> - Finden Sie passende Botschaften darüber, was Ihre Arbeitgebermarke ausmacht
> - Machen Sie sich als Arbeitgeber attraktiv
> - Bieten Sie Weiterentwicklungsmöglichkeiten für Ihre Talente

Literatur

Haufe Online Redaktion: Wie Sie einen Talent Pool aufbauen. https://www.haufe.de/personal/hr-management/talent-pool-aufbauen_80_445794.html. Zugegriffen: 20. August 2021

Lech Büroplanung: Agilität im Büro. https://lech-bueroplanung.de/blog/agilitaet-im-buero/. Zugegriffen: 20. August 2020.

9

Maßnahmen und Strategien im Employer Branding

> **Was Sie aus diesem Kapitel mitnehmen**
>
> - Was internes und externes Employer Branding ist und warum Sie dabei die richtige Reihenfolge einhalten müssen
> - Welche einzelnen Maßnahmen Sie ergreifen können, um eine Employer-Branding-Strategie zu entwickeln
> - Beispiele, wie andere Konzerne Employer Branding aktiv in ihren Unternehmensalltag integrieren

Wie funktioniert Employer Branding in der Praxis? Darum geht es jetzt im Kern in diesem Kapitel. Vorweg muss aber gesagt werden, dass Employer Branding sehr eng mit den Maßnahmen im Recruiting und im Personalmanagement verbunden ist. Auch wenn ich im vorliegenden Buch den Versuch unternehme, die Maßnehmen, die gezielt und ganz konkret das Employer Branding betreffen separat zu betrachten, ist Employer Branding im Grunde genommen alles, denn es geht sowohl darum, neue Mitarbeiter durch eine positive Unternehmenskultur zu finden als auch bestehende Mitarbeiter davon zu überzeugen, gemeinsam mit dem

Unternehmen zu wachsen und zu bleiben. Mit diesem Aspekt im Hinterkopf lesen Sie im Folgenden die internen und externen Maßnahmen, die Sie ergreifen können, um eine Employer-Branding-Strategie zu entwickeln und diese in die Tat umzusetzen.

9.1 Internes Employer Branding

„Marken wachsen von innen nach außen." Wenn Sie ein Bild dafür haben wollen, dann stellen Sie sich die Geburt eines Kindes vor, das zunächst im Bauch seiner Mutter reift, bevor es die ersten Schritte nach außen machen kann. An dem Tag, an dem Sie sich dazu entschließen, das Employer Branding aktiv und strategisch anzugehen, pflanzen Sie ein kleines Korn im Herzen Ihres Konzerns, das Sie kontinuierlich hegen und pflegen müssen. Es braucht Sonne, Licht und Zeit zum Wachsen. Es wird Phasen geben, in denen die Blätter vielleicht welken, weil die Witterung umschlägt. Ziel ist es, dass die Pflanze zu einem großen Baum im Innenhof wird, der seine Zweige Schritt für Schritt nach außen strecken kann.

Internes Employer Branding zielt darauf ab, das Unternehmen von innen heraus zu stärken und Maßnahmen zu ergreifen, um eine Mitarbeiterbindung und eine Identifikation zu schaffen. Ein Mitarbeiter, der sich aus tiefem Herzen mit seinem Unternehmen verbunden fühlt, strahlt dies auch gegenüber Kunden, Lieferanten und Geschäftspartnern aus. Genau darum soll es in diesem Kapitel gehen.

9.1.1 Warum emotionale Bindung Kosten spart

Internes Employer Branding verfolgt im Kern das Ziel, eine emotionale Bindung zwischen den Mitarbeitern und einem Unternehmen zu schaffen. Je mehr sich Mitarbeitende mit den Werten eines Unternehmens identifizieren, desto mehr fühlen sie sich zugehörig. Jetzt die gute Nachricht für alle, die Zahlen lieben: Emotionale Bindung lässt sich sogar in

Euro ausdrücken. In einer Untersuchung des Fraunhofer Institutes[1] zusammen mit Kununu und Xing wurde dargestellt, dass 85 von 100 Beschäftigen eher keine persönliche Verbundenheit mit ihrem Unternehmen verspüren und ergo dort nur am Morgen auftauchen, weil sie am Ende des Monats Gehalt bekommen. Daraus ergibt sich eine hohe Summe an Kosten für das Unternehmen, die sich wiederum aus den Fehlzeiten und der Fluktuation der Mitarbeiter ergibt. Das Fraunhofer Institut beruft sich hierbei auf den „Engagement Index Deutschland"[2] und schlüsselt das Einsparpotenzial auf, das durch eine emotionale Bindung entstehen kann.

Unternehmen mit 2000 Mitarbeitern können laut dieser Studie 407.000 Euro jährlich einsparen, die sich aus Fehlzeiten ergeben. Konzerne mit über 30.000 Mitarbeitern sparen 6,1 Millionen Euro. Die Kosten, die sich durch die ausbleibende Fluktuation einsparen lassen, belaufen sich demnach bei 2000 Mitarbeitern auf 332.000 Euro und bei 30.000 Mitarbeitern auf 5,0 Millionen Euro.

Betrachtet man allein diese nackten Zahlen wird schon deutlich, dass Sie das Thema Employer Branding nicht länger aufschieben können. Wenn Sie damit beginnen, sich eine Employer-Branding-Strategie auszuarbeiten, sollten Sie immer ein Post-it an Ihrem PC kleben haben, auf dem steht, warum Sie das alles machen. Sie wollen, dass Ihre Marke von innen nach außen wächst und von innen heraus gefestigt wird, bevor Sie die gewachsenen Werte auch nach außen kommunizieren können. Wenn Sie lediglich mit leeren Worthülsen um sich schmeißen, die von niemandem tatsächlich gelebt werden, geht der Schuss sprichwörtlich nach hinten los. Wenn Sie etwas kommunizieren, das nicht der Wahrheit entspricht, wecken Sie falsche Erwartungen, verlieren Ihre Glaubwürdigkeit und schlussendlich auch Ihre Reputation.

---

[1] Melde, A. u. a.: Auf der Suche nach den richtigen Kandidaten? Schritt für Schritt zum erfolgreichen Employer Branding. https://www.imw.fraunhofer.de/content/dam/moez/de/documents/180213_Kununu-Booklet_Bildschirm_v7.pdf. Zugegriffen: 20. August 2021.
[2] Gallup „Engagement Index Deutschland 2016"

9.1.2 Moderne Arbeitsplatzgestaltung

Die Ansprüche von Mitarbeitern an die Arbeitsplatzgestaltung sind hoch. Man kann sagen, der Arbeitsplatz ist zu einem wichtigen Innovationsfaktor geworden. Die klassischen, räumlichen Strukturen mit Einzelbüros und Einzelarbeitsplätzen werden immer mehr aufgebrochen. Es geht heute darum, effizienzsteigernde Umgebungen einzurichten, die mehr Raum für Teamarbeit schaffen. Es ist in der Praxis kaum noch so, dass Aufgaben vollständig losgelöst sind von anderen Aufgabenbereichen. Vielmehr hat man im 21. Jahrhundert erkannt, dass Teamarbeit und die Nähe zu Kollegen die Produktivität erheblich steigern können.

Was bedeutet dies konkret für die Umsetzung? Das Stichwort lautet Agilität. Bürostrukturen müssen vollständig neu überdacht werden, denn sie sind der sichtbare Teil des Employer Brandings. Einzelne Büros werden aufgelöst und in moderne Bürolandschaften verwandelt. Neben Arbeitsecken gibt es auch ausgewiesene Plätze für den gegenseitigen Austausch – mit einem Kaffee in der Hand und einem Loungekissen im Rücken. Meetings müssen nicht steif mit Krawatte auf unbequemen Stühlen in stickigen, abgedunkelten Räumen abgehalten werden. Kreativität entsteht dann, wenn sich Mitarbeiter wohlfühlen. Da ist es nur konsequent, wenn fortschrittliche Konzerne sogar Schaukeln mitten im Raum installieren.

Mobile Trennwände aus Glas und Deckensegel verbessern die Akustik im Raum. Pflanzen optimieren die Raumluft und sorgen für ein Wohlfühlklima. Mit sogenannten „Telefonzellen für das Büro" werden mitten in der Bürolandschaft kleine Inseln geschaffen, die akustisch – aber nicht optisch – abgeschottet sind, wenn ein Mitarbeiter konzentriert arbeiten oder in Ruhe telefonieren möchte.

Um die Kosteneffizienz eines Büros zu verbessern, gehen einige Unternehmen sogar dazu über, keine festen Arbeitsplätze mehr zu vergeben. Stattdessen stehen allen Mitarbeitern dieselben Bürotische mit PC-Anlagen zur Verfügung, die nach Bedarf genutzt werden können. Gearbeitet wird ohnehin in der Cloud, sodass jeder von überall aus auf alle Daten zugreifen kann. Um all diese Ideen umzusetzen, holen Sie am besten spezialisierte Planungsbüros mit ins Boot.

9.1.3 Moderne Führungskultur

Was macht gute Führung aus? Diese Frage steht im Zentrum des Employer Brandings. Das, was „von oben" vorgelebt wird, strahlt bis zum Pförtner aus. „Gute Führung" ist ein Schlagwort, das sehr viel Interpretationsspielraum zulässt. Wir bewegen uns immer weiter weg von der klassischen Hierarchie in die Richtung einer Duz-Kultur, in der alle Menschen auf Augenhöhe miteinander sprechen. Auch die Führungspositionen selbst haben zunehmend den Wunsch, im Zuge einer Work-Life-Balance und zur allgemeinen Effizienzsteigerung Aufgaben abzugeben. Dafür ist es aber erforderlich, vom Thron zu steigen und sich unter das Volk zu mischen.

Gleichzeitig haben Führungskräfte weiterhin eine Vorbildfunktion. Sie können noch so gute Texter damit beauftragen, die Firmenphilosophie in blühende Worte zu hüllen. Wenn das, was dort steht, nicht gelebt wird, ist es nahezu wertlos.

In einer modernen Führungskultur bekommen Mitarbeiter mehr Eigenverantwortung. Außerdem müssen Unternehmen mehr Know-how im zwischenmenschlichen Bereich aufbauen. Mitarbeiter werden zunehmend als Ganzes wahrgenommen, die ihr privates Ich nicht vor der Tür abstreifen. Sie beschäftigen in Ihrem Unternehmen schließlich nicht nur ein Talent X, sondern einen Menschen, der unter anderem dieses, aber auch noch viele weitere Talente und Eigenschaften mitbringt. Ist diese Erkenntnis im Unternehmen angekommen, dann ist ein großer Schritt getan.

Es gibt sehr viele Themen, die auf der Führungsebene besprochen werden müssen. Zu den Grundelementen gehört ebenso die Kommunikation, die individuelle Unterstützung und die Motivation der Mitarbeiter. Antworten auf diese Fragen müssen zunächst fest in der Führungskultur verankert und vorgelebt werden, bevor sie auf alle anderen Bereiche und Abteilungen ausstrahlen kann.

9.1.4 Moderne Unternehmenskultur

Das Employer Branding steht und fällt mit den Werten, die ein Unternehmen für sich definiert hat und auch aktiv lebt. Mittlerweile ist es in so gut wie allen Konzernen angekommen, dass eine Unternehmenskultur nicht einfach so entsteht, sondern dass aktiv daran gearbeitet werden muss. Es reicht also nicht, plakativ in den Büros der Mitarbeiter DINA2-Plakate mit Schlagwörtern aufzuhängen, sondern auch hier zählen Authentizität und Glaubwürdigkeit. Kultur wächst natürlich, sie entsteht aus den Akteuren heraus und passt sich auch immer wieder der Entwicklung des Unternehmens an. Sie haben es schon geahnt: Es wird nie den Zeitpunkt geben, an dem Sie einen Haken hinter dem Thema Employer Branding auf Ihrer To-do-Liste machen können. Es ist vielmehr ein Prozess, der immer wieder aktiv gestaltet und niemals abgeschlossen sein wird.

Das Job-Portal indeed hat eine Studie mit dem Titel „Was Bewerbern heute wichtig ist"[3] erstellt. Laut dieser Studie suchen 65 % aller neuen Mitarbeiter nach nur 91 Tagen in einem Unternehmen schon wieder nach einer neuen beruflichen Orientierung. 91 % aller befragten Kandidaten, die im vorausgehenden Jahr eine neue Stelle angetreten hatten, waren schon wieder auf der Suche nach einer neuen Beschäftigung. Die Gründe werden wohl kaum ein zu niedriges Gehalt sein, denn das stand bereits am Anfang fest. Vielmehr ist davon auszugehen, dass sich die Kandidaten schlichtweg nicht wohlgefühlt haben, sich mit dem Unternehmen nicht identifizieren konnten oder schlichtweg nicht das vorgefunden haben, was sie erwartet hatten. Um solch falsche Erwartungen gar nicht erst zu wecken, sollte die Unternehmenskultur von Anfang an richtig kommuniziert werden. Das interne Employer Branding muss seine Strahlkraft nach außen entfalten. Im Folgenden gebe ich Ihnen einige Begriffe an die Hand, die alle auf das Konto Ihrer Unternehmenskultur einzahlen und über die Sie sich im Employer-Branding-Prozess aktiv Gedanken machen sollten:

Die sogenannten Core Values sind die Unternehmenswerte, die zur Orientierung für alle Mitarbeiter klar definiert sein sollten. Der Pharmakonzern Beiersdorf hat seine Core Values sogar transparent auf der Firmenhomepage kommuniziert.[4] Es sind vier Stützpfeiler, die garantie-

---

[3] Indeed Hiring Lab: Was Bewerbern heute wichtig ist. https://offers.indeed.com/HLR-DE-Talent-Attraction-Study.html?utm_source=blog.

[4] Beiersdorf: https://www.beiersdorf.de/ueber-uns/our-profile/unsere-core-values. Zugegriffen: 27. August 2021.

ren sollen, dass alle Mitarbeiter „dieselbe Sprache sprechen". Diese Werte sind „Care" – die Verantwortung für alle Mitarbeiter, Konsumenten und Kunden, „Simplicity" – Klarheit und Transparenz in der Kommunikation, „Courage" – eine offene Fehlerkultur, die Veränderungen als Chance sieht und „Trust" – der respektvolle Umgang mit Ehrlichkeit. Dazu existiert sogar ein Video, in dem die Mitarbeiter des Konzerns erklären, wie diese Werte tatsächlich aktiv gelebt werden. Aus meiner Sicht eine sehr gelungene Präsentation, die zeigt oder zumindest suggeriert, dass das Employer Branding in diesem Konzern funktioniert.

Ein weiteres, aus meiner Sicht positives Beispiel für eine etablierte Unternehmenskultur ist der Konzern IKEA. Auch hier gibt es eine Präsentation auf der Homepage,[5] in der die Werte innerhalb des Unternehmens transparent kommuniziert werden. Allein die „Du"-Kultur schafft schon eine besondere Ebene, auf der sich alle Mitarbeiter unabhängig von der Position im Unternehmen auf einer Ebene begegnen können. Führung soll durch beispielhaftes Verhalten stattfinden und Mitarbeiter werden aktiv angeworben, die den Mut haben, anders zu sein.

9.1.5 Incentive-Reisen & Barcamps

Wer oft auf Konferenzen und Tagungen unterwegs ist weiß, dass das Effektivste daran die Kaffeepausen sind. Die Momente, in denen nicht ein passives Zuhören und Folien ansehen stattfindet, sondern ein persönlicher Austausch. Wer die Wichtigkeit dieser Begegnungen verstanden hat, wird sofort das erste Barcamp oder Incentive organisieren oder die Frequenz dieser Veranstaltungen noch einmal erhöhen. Es geht einfach darum, den Kontakt der Menschen untereinander zu fördern, eine Gemeinschaft zu schaffen und gemeinsame Erlebnisse zu erzeugen, die verbinden. Dabei ist es ganz unerheblich, ob Sie versuchen, gemeinsam den Mount Everest zu erklimmen oder einfach einen schönen Tag am See mit Barbecue verbringen. Barcamps, bei denen der Austausch der Mitarbeiter im Vordergrund steht oder Incentive-Reisen, die das Miteinander för-

---

[5] IKEA: https://www.ikea.com/ch/de/this-is-ikea/work-with-us/culture-values-pub5dbfbe01. Zugegriffen: 27. August 2021.

dern, sind aus meiner Sicht heute unverzichtbar, wenn wir über das Thema Employer Branding sprechen.

9.1.6 Gesundheitsmanagement

Was Beiersdorf als „Care" in den Unternehmenswerten definiert, ist das, was auch das Gesundheitsmanagement meint: Achtsamkeit in der gesamten Wertschöpfungskette und wenn wir über Employer Branding sprechen dann explizit in Bezug auf die Gesundheit der Mitarbeiter. Das betriebliche Gesundheitsmanagement ist ein unverzichtbarer Eckpfeiler im internen Employer Branding. Gesundheitsfördernde Angebote für die Mitarbeiter zu schaffen, zeigt Wertschätzung. Gleichzeitig sorgen sie dafür, dass Mitarbeiter sich an ihrem Arbeitsplatz wohlfühlen, länger leistungsfähig und weniger krank sind. Ein betriebliches Gesundheitsmanagement kann sehr vielseitig und breit aufgestellt sein. Yoga-Sessions während der Arbeitszeit, gemütlich eingerichtete Pausenräume, ein eigener Fitnessraum, Gesundheitstrainer für aktive Pausen oder eine gesundheitsfördernde Verpflegung mit Salat statt Fast-Food. Diese Liste könnte beliebig fortgesetzt werden.

Voll im Trend liegen die „Walk-to-Talk"-Meetings, bei denen die Teilnehmer nicht reglos auf einem Stuhl sitzen, sondern sich im Gehen unterhalten. Diese Art Meeting eignet sich für kleinere Teilnehmergruppen. Es ist erwiesen, dass das Gehirn bei körperlicher Aktivität viel besser arbeiten kann. Zudem gibt es keine feste Sitzordnung, die nach Hierarchie gestaffelt ist und daher bei demjenigen, der am Ende des Tisches platziert wird, für Komplexe sorgt. Walk-to-Talk-Meetings fördern die Kommunikation auf Augenhöhe und sind oft wesentlich effektiver als die klassischen Besprechungen im Tagungsraum.

Was ich an dieser Stelle ebenfalls nicht unerwähnt lassen möchte, sind die Employer-Assistant-Programme (EAP) als wichtiger Part des betrieblichen Gesundheitsmanagements. Es handelt sich dabei um eine Kurzzeitberatung als präventive Maßnahme, die kleinere Probleme im Keim ersticken soll. Hier können Mitarbeiter auch Sorgen aus dem Privatleben bearbeiten, die sich so oder so auch auf die Arbeit auswirken werden. Sollte der EAP-Berater eine größere Problematik feststellen, dann erfolgt eine Weiterleitung an einen fachlich versierten Kollegen aus dem EAP-Netzwerk. Mitarbeiter bekommen durch EAP-Programme eine effiziente Hilfe, die sowohl bei privaten als auch bei betrieblichen Problemen greift. Sie haben einen Ansprechpartner für ihre Sorgen, ohne dass sie den Schritt zu einem Arzt gehen müssen und erhalten stattdessen eine bedarfsgerechte Beratung. Auch das private Umfeld des Mitarbeiters kann in die Beratung integriert werden. Unternehmen profitieren von gesunden, zufriedenen, motivierten Mitarbeitern, geringeren Fehlzeiten und natürlich vor allem durch den Baustein, den sie dafür für die eigene Unternehmenskultur gesetzt haben.

Es gibt noch eine endlos lange Liste an Möglichkeiten, die Unternehmen für das eigene Gesundheitsmanagement organisieren können. Lassen Sie sich inspirieren, hören Sie Ihren Mitarbeitern zu oder fragen Sie doch einfach, was Sie sich wünschen. Viel wichtiger als die Auswahl der konkreten Maßnahmen ist es, dass ein Bewusstsein dafür entsteht, wofür Sie das alles eigentlich machen.

9.1.7 Interne Kommunikation

Ich habe es an der einen oder anderen Stelle bereits angesprochen, möchte hier aber gerne noch einmal explizit auf das Thema eingehen: Die Kommunikation als wichtiger Bestandteil des internen Employer Brandings.

Damit die Kommunikation innerhalb eines Unternehmen gelingen kann, muss zunächst der Informationsfluss stimmen. Andernfalls entsteht schnell eine Quelle für Missverständnisse, die wiederum Streit und Konflikte vorprogrammieren. Employer Branding heißt in diesem Zusammenhang dafür zu sorgen, dass jeder Mitarbeiter in Echtzeit zum Beispiel über Änderungen an einem Projekt informiert wird, von überall aus dezentral Zugriff auf alle wichtigen Informationen hat und sich auch nach einer überstandenen Grippe innerhalb von 10 Minuten wieder auf den aktuellen Stand bringen kann. In Zeiten der Digitalisierung ist dies kein Hexenwerk mehr, sondern erfordert lediglich ein gut durchdachtes System der Informationsweitergabe.

Ist dies erledigt, dann geht es um die Etablierung einer achtsamen, wertschätzenden Kommunikation untereinander über alle Führungsebenen hinweg. Dies beginnt damit, wie negatives Feedback erteilt oder Fehler kommuniziert werden. Wenn es etwas zu kritisieren gibt, sollte sich dieses Feedback immer konkret auf eine Situation beziehen und nicht allgemein formuliert werden. Damit kann niemand etwas anfangen. Zudem sollte eine Rückmeldung immer zeitnah erfolgen. Darüber hinaus sollten Mitarbeiter nicht nur dann kontaktiert werden, wenn etwas schlecht gelaufen ist – auch positives Feedback ist wichtig. Wertschätzendes Feedback zu geben, muss vor allem in der Führungsetage erlernt werden.

Eine wertschätzende Feedbackkultur schafft Vertrauen und erzeugt bei Mitarbeitern den Mut, sich auch mal etwas mehr zuzutrauen, die eigenen Grenzen zu erweitern und Sicherheit zu erlangen. Wird nicht gleich mit Kündigung gedroht, sondern Hilfe bei den Schwächen angeboten, stärkt dies erheblich die Motivation:

Kommunikation ist insbesondere in Krisenzeiten ein wichtiges Thema. Gerüchte verbreiten sich schnell und plötzlich steht da die These im Raum, der Konzern würde planen, demnächst viele Mitarbeiter zu entlassen, was wiederum dazu führt, dass man sich schon einmal anderweitig bewirbt. Halten Sie Ihre Mitarbeiter ehrlich auf dem Laufenden – auch und vor allem dann, wenn das Unternehmen gerade in einer Krise stecken sollte. Mitarbeiter sollten Neues nicht aus der Zeitung erfahren, sondern von ihrem Arbeitgeber. Die Instrumente für eine offene interne Kommunikation sind vielseitig. Stellen Sie News ins Intranet, versenden Sie Newsletter oder richten Sie Chats ein.

Der Konzern Google und mittlerweile auch viele andere nutzen für die interne Kommunikation eine eigene Methodik: Objectives and Key Results (OKR). Insbesondere bei wachsenden Unternehmen und Konzernen hat sich die OKR-Methodik als äußerst erfolgreich erwiesen. Die Management-Methode wurde von Andy Grove, dem Mitbegründer von Intel erfunden und wird seit 1999 aktiv bei Google gelebt. Sie setzt auf eine konsequente Zielverfolgung mit messbaren Resultaten. Dabei werden einem Ziel zwischen 2 und 5 Resultate zugewiesen. Es schwebt also nicht nur ein diffuses Ziel im Raum, sondern es werden auch klar die Resultate definiert, die am Ende erreicht werden sollen. Der Zeitraum, in dem die Ziele umgesetzt werden müssen, beträgt 3 Monate. Daher ist es wichtig, auch realistische Ziele zu definieren.

Ein Beispiel: Sie möchten das unternehmerische Image verbessern. Innerhalb von drei Monaten müssen nun Resultate nachweisbar sein. Jetzt müssen realistische Ergebnisse definiert werden, die am Ende des Zeitraums erreicht sein wollen. Ein Ziel kann sein, einen Corporate Influencer gefunden zu haben, der auf Social Media einen Blog einrichtet, auf dem er ein,- zwei- oder dreimal wöchentlich einen authentischen Einblick in seine Arbeit gibt. Ein weiteres Resultat kann sein, dass am Ende der drei Monate ein großer Schritt in Richtung Nachhaltigkeit gemacht wurde und 50 % weniger Mitarbeiter mit dem Auto zur Arbeit kommen. Es gibt mittlerweile sogar OKR-Software, die diese Prozesse unterstützt und einen besseren Workflow etabliert.

Was bringt OKR? Insbesondere in schnell wachsenden und sehr großen Unternehmen ermöglicht die OKR-Methode eine konsequente Zielverfolgung, ohne dass dabei teure und zeitintensive Umwege gegangen werden. In herkömmlichen Prozessen mahlen die Mühlen oft langsam. Da macht der Vorgesetzte darauf aufmerksam, dass mehr für das Unternehmensimage getan werden muss. Mit etwas Glück schreiben sich das ein paar Mitarbeiter auf ihren Notizblock und beim nächsten Meeting haben sich schon wieder wichtigere Dinge in der To-do-Liste nach oben gekämpft. OKR steigert die Agilität innerhalb des Unternehmens und Ziele werden schneller erreicht, weil konzentriert an ihnen gearbeitet wird, es konkret benannte Verantwortliche gibt und am Ende der Erfolg messbar ist. Zudem bekommen Mitarbeiter mehr Eigenverantwortung und werden dazu motiviert, ohne Druck selbst am Unternehmenserfolg mitzuarbeiten. Wichtig: Wird ein OKR-Ziel nicht erreicht, sollte das keine negativen Konsequenzen haben. Wenn alles richtig läuft, werden die Mitarbeiter selbst dazu motiviert, die gesetzten Ziele zu erreichen.

9.1.8 Jobsicherheit

Kaum etwas ist so destruktiv in einem Unternehmen wie Mitarbeiter, die permanent um ihren Arbeitsplatz besorgt sind. Oft gibt es in Konzernen Stellen, die zuerst betroffen sind, wenn sich eine Krise einschleicht. Mir ist bewusst, dass nicht jede Stelle pauschal bis zur Rente festgesetzt werden kann – dazu ist die Zukunft in vielen Branchen viel zu wenig planbar. Dennoch ist es die wichtige Aufgabe des internen Employer Brandings, eine Zufriedenheit innerhalb der Belegschaft herzustellen und dazu gehört es auch, den Mitarbeitern Sicherheit zu vermitteln.

Zu den wichtigsten Entscheidungskriterien für oder gegen eine Stelle gehört die Frage, ob ein fester oder nur ein befristeter Arbeitsvertrag angeboten wird. Arbeitnehmer möchten Planungssicherheit und damit auch finanzielle Sicherheit haben. Kaum jemand ist daran interessiert, sich alle 6 Monate eine neue Stelle zu suchen, sich neu einzuarbeiten, neue Kollegen kennenzulernen, um dann schon wieder zu wechseln, weil der Vertrag ausläuft.

Jede Unternehmenskultur sollte auf langfristige Sicherheit ausgelegt sein. Eine Entlassung aus betriebswirtschaftlichen Gründen ist oft wie ein Wurzelbrand, der lange unbemerkt bleibt. Kollegen bekommen mit, wie oft und aus welchen Gründen jemand entlassen wird und fürchten dann ihrerseits wieder um den eigenen Job. Sie gehen häufig lieber von selbst, statt das Risiko einer Entlassung einzugehen.

Ihre Bestrebungen sollten also dahingehen, nur Stellen zu schaffen, die langfristig besetzt werden können. Auch die HR-Abteilung muss gute Arbeit leisten und für jede Stelle einen bestmöglichen Kandidaten finden, um Fluktuation und Entlassungen zu vermeiden, weil es am Ende doch nicht gepasst hat.

Das Statistische Bundesamt hat in den Jahren 2018 bis 2020 eine Erhebung mit der Frage durchgeführt, ob Mitarbeiter sich an ihrem Arbeitsplatz sicher fühlen oder sich eher Sorgen um einen Jobverlust machen.[6] 2018 machten sich noch 15 % Sorgen um ihren Arbeitsplatz, 2020 waren es schon 23 %. Angst ist nie ein guter Berater, dämpft die Kreativität, erhöht den Stress und die Krankschreibungen usw. Einen wichtigen Beitrag leisten Sie schon damit, dass Sie offen über den aktuellen Stand kommunizieren, die Mitarbeiter auf dem Laufenden über die unternehmerische Entwicklung halten und ehrlich und offen kommunizieren.

---

[6] Statistisches Bundesamt: Glauben Sie, dass Sie alles in allem einen sicheren Arbeitsplatz haben, oder machen Sie sich sorgen, dass Sie ihn verlieren könnten? https://de.statista.com/statistik/daten/studie/915460/umfrage/entwicklung-der-sorge-um-die-sicherheit-des-arbeitsplatzes-in-deutschland/. Zugegriffen: 27. August 2021.

9.1.9 Der Trend: Clubhouse

Ich möchte Ihnen an dieser Stelle einen Trend nicht vorenthalten, sollte er Ihnen nicht schon längst irgendwo begegnet sein: Clubhouse. Dabei handelt es sich um eine App, die deutschlandweit insbesondere im Bereich des Employer Brandings einen starken Hype erfährt.

Clubhouse kurz erklärt: Es handelt sich dabei um ein auditives Social-Media-Format, in dem sich die Teilnehmer in einem virtuellen Raum treffen und miteinander sprechen können. Für die Registrierung wurde zunächst eine Einladung von einem Mitglied benötigt, was eine gewisse Exklusivität erzeugt hat. Außerdem war die App nur für iPhone-Nutzer verfügbar. Mittlerweile wurden diese Beschränkungen aber aufgelockert und die App steht einer größeren Anzahl an Nutzern zur Verfügung.

Welchen Beitrag kann nun also Clubhouse für das interne Employer Branding leisten? Einige Firmen nutzen es, um für Teams eigene Räume einzurichten, in denen sie einfach mal plaudern können. Sogar virtuelle Achtsamkeitsübungen werden in diesen Räumen abgehalten. Auch Vorstellungsgespräche sind über Clubhouse denkbar. Statt aufwändige Bewerbungsprozesse zu initiieren, kann einfach ein Raum für ein Vorstellungsgespräch eröffnet werden und Interessierte treten ein – es entsteht ein Austausch, durch den direkt eine emotionale Verbindung zum Unternehmen entsteht, ohne dass vorab aufwändig Termine vereinbart und Hemden gebügelt werden müssen. Es gibt bereits für viele Themen Räume, in die man einfach eintreten und dort mitdiskutieren kann. Man knüpft über Clubhouse unkompliziert Kontakte zu Menschen, die sich mit ähnlichen Fragestellungen herumtreiben – das beste Potenzial, um eventuell auf geeignete High Potentials zu treffen.

9.2 Externes Employer Branding

In dem Moment, in dem das interne Branding bereits fest etabliert und die Unternehmenskultur von den Mitarbeitern gelebt wird, können Sie sich mit dem Thema externes Employer Branding befassen. Ein Haus muss auch erst ein Fundament und tragende Wände haben, bevor es verklinkert wird. Das bedeutet in der Praxis: Geduld haben. Ich erlebe es in der Zusammenarbeit mit großen Konzernen häufig, dass die Führung gerne schnellstmöglich die neue Ausrichtung nach außen kommunizieren wollen. Aber es macht keinen Sinn, einen Mitarbeiter per Pressemeldung darüber zu informieren, welche Unternehmenskultur er zu leben hat. Eins nach dem anderen.

Das externe Employer Branding bezieht sich auf alle Maßnahmen, die das Unternehmensimage nach außen kommunizieren und die aus einem Arbeitgeber eine Marke machen. Auch dazu braucht es nicht ein Potpourri aus Einzelmaßnahmen, sondern eine Strategie, bei der die einzelnen Maßnahmen wie Zahnräder ineinandergreifen.

Einen großen Teil der externen Maßnahmen für das Employer Branding habe ich bereits in den Kapiteln über das Recruiting beschrieben. Der Aufbau einer Karriereseite, die Gestaltung der Stellenanzeigen, Videos: All das ist ebenfalls bereits Teil des externen Employer Brandings. An dieser Stelle möchte ich den Bereich des Recruitings noch um weitere Elemente ergänzen, die ebenfalls strategisch bedacht werden müssen.

9.2.1 Pressearbeit

Der Auftritt eines Unternehmens in der Presse ist ein elementarer Bestandteil des Employer Brandings. Das Ziel einer guten PR-Arbeit besteht zum einen darin, das Unternehmen in der Öffentlichkeit bekannter zu machen und bei potenziellen Arbeitnehmern einen AHA-Effekt zu erzeugen. Gerade Stellenanzeigen werden eher wahrgenommen, wenn der Firmenname schon mal irgendwo im Bewusstsein abgespeichert wurde.

Was bei einer guten Pressearbeit wichtig ist: Sie darf keine Selbstbeweihräucherung sein oder nur zur Eigenwerbung missbraucht werden. Sie soll eher objektive Informationen bieten, und ihren Nachrichtenwert erhalten. Was das dann noch mit Employer Branding zu tun hat? Ein Beispiel: Sie haben sich als OKR-Ziel gesetzt, einen großen Schritt in Richtung Nachhaltigkeit zu gehen und haben ihre Mitarbeiter für einen Monat lang Fahrräder oder ÖPNV-Tickets finanziert. Darüber können Sie objektiv berichten – der Leser macht sich aus diesen Informationen sein eigenes Bild und zieht positive Schlüsse daraus, die für Sie in die richtige Richtung gehen.

Wählen Sie für Ihre Pressearbeit nur Themen aus, die einen echten Mehrwert bieten. Sie können zum Beispiel darüber berichten, welchen innovativen Ansatz Sie bei der Büroeinrichtung verfolgen oder das positive Ergebnis der letzten Mitarbeiterbefragung kommunizieren. Auch hier gilt: Authentizität ist das oberste Gebot.

9.2.2 Social Media & Community Management

Die sozialen Netzwerke bieten eine einmalige Gelegenheit, sich mit interessanten Kandidaten zu vernetzen und ihnen auf einer persönlicheren Ebene zu begegnen. Außerdem sind sie wie ein Fenster, das einen authentischen Blick hinter die Kulissen ermöglicht. Die Strategie für einen erfolgreichen Auftritt in den sozialen Netzwerken muss immer individuell festgelegt werden. An dieser Stelle möchte ich daher lediglich ein paar Impulse geben, welche Möglichkeiten Ihnen die einzelnen Netzwerke für Ihr externes Employer Branding schaffen.

Facebook
Viele große Konzerne haben eine eigene Unternehmensseite auf Facebook. Am besten Sie stöbern einfach mal durch die Konzernlandschaft und schauen sich an, was die anderen so machen. Wichtig: Der Facebook-Auftritt darf nicht als Werbeplattform missbraucht werden, auf der Sie Produktneuheiten anpreisen. Dafür sind andere Kanäle da. Besuchen Sie zum Beispiel den Auftritt von BASF auf Facebook. Dort wird darüber berichtet, welche Nachhaltigkeitsmaßnahmen der Konzern ergreift und welche Erfolge er damit schon erzielen konnte. BASF kommuniziert auf der Seite sehr transparent, wie viel Kraftstoff verbraucht wird und was getan wird, um diesen Verbrauch durch Gegenmaßnahmen zu neutralisieren. Außerdem findet ein aktiver Austausch mit der Nutzergemeinde statt.

Zudem können Sie Facebook auch aktiv für die Rekrutierung neuer Mitarbeiter nutzen und Ihre Jobliste dort einbinden. Voraussetzung: das Unternehmen muss eine eigene Unternehmensseite mit mindestens 2000 „Gefällt mir"-Angaben besitzen (ein hervorragendes OKR-Ziel, das locker innerhalb von 3 Monaten erreicht werden kann). Ist dies geschafft, kann auf dem Profil eine eigene Jobseite eingerichtet werden. Wie das in der Praxis aussieht, können Sie sich auf der – ebenfalls aus meiner Sicht gelungenen – Facebook-Präsenz des Serengeti Parks ansehen. Dort gibt es ganz unten in der Navigationsleiste den Reiter „Serengeti Park Jobs". Wer zufällig oder auf Empfehlung eines Freundes auf die Seite stößt, muss also nicht den Umweg über die Webseite des Unternehmens gehen, um freie Stellen angezeigt zu bekommen.

Instagram
Diese Plattform lebt vom Bild-Content und bietet sich dazu an, spannende Bilder aus dem unternehmerischen Alltag zu posten. Sie können auf dieser Plattform sehr viel über sich erzählen und wertvolle Informationen über den realen Alltag zu teilen. Zeigen Sie die typische Arbeitsplatzsituation, einen Mitarbeiter beim Yoga als Teil des betrieblichen Gesundheitsmanagements, eine typische Meeting-Situation. Spannend ist alles, was einem potenziellen Bewerber die Vorstellung erleichtert, wie der Unternehmensalltag in dieser Firma gelebt wird. Im Idealfall bekommt er einen realistischen Eindruck davon, wie sein erster Arbeitsalltag in der Firma ausfallen könnte

LinkedIn
LinkedIn bietet Experten die Möglichkeit, ihren Expertenstatus zu teilen und zu den versierten Themen zu Wort zu kommen. Wer Experte im Bereich Employer Branding ist, kann auf LinkedIn regelmäßig Beiträge zu spannenden Themen verfassen. Das lesen sowohl Geschäftspartner als auch potenzielle Kandidaten, die sich für diese Themen interessieren, über dieses Interesse auf den LinkedIn-Beitrag stoßen und darüber wiederum auf die vakanten Stellen. Oft entstehen unter diesen Beiträgen auch konstruktive Diskussionen.

Besonders gut kommen Inhalte an, die von Mitarbeitern selbst generiert wurden. Follow-my-day-Storys generieren hohe Klickzahlen und wecken die Neugierde. Dabei kann die Führung zwar immer einen Blick auf die Inhalte werfen, sollte sie aber nicht regulieren oder gar vorgeben.

Konzerne müssen keinesfalls sämtliche Kanäle bespielen, die im Social Web zur Verfügung stehen. Wählen Sie stattdessen lieber Kanäle aus, die für Sie geeignet erscheinen und fokussieren Sie sich auf 2 bis 3, für die Sie Ressourcen zur Verfügung stellen.

9.2.3 Arbeitgeberbewertungen

Wir leben in einem Zeitalter, in dem alles und jeder eine Bewertung bekommt, die dann für alle Zeiten öffentlich im Internet zu lesen ist. Suchen Sie doch spontan einmal nach der nächstgelegenen, öffentlichen Toilette – Sie werden garantiert Bewertungen dafür finden; wenn Sie Pech haben sogar mit Bildern. Auch Arbeitgeber sind natürlich von dieser Bewertungswut nicht ausgeschlossen. Es ist ein zweischneidiges Schwert, denn authentische Meinungen helfen anderen dabei, die richtige Entscheidung zu treffen. Es fällt leichter, ein gutes Hotel zu finden oder sich für den geeigneten Kühlschrank zu entscheiden.

Wer ein gute, interne Employer-Branding-Strategie verfolgt, kann im Bereich der Arbeitgeberbewertungen oftmals die Früchte ernten. Auf dem bekannten Portal kununu.de können Mitarbeiter und Bewerber für Unternehmens- und Führungskultur von Arbeitgebern veröffentlichen. Wer eine Vielzahl guter Bewertungen erntet, bekommt vom Portal ein Gütesiegel.

Betrachten wir noch einmal die Deutsche Telekom,[7] dann hat diese bei aktuell 4970 Bewertungen (Stand: August 2021) eine Weiterempfehlung von 83 %. Ein Barometer auf der Seite zeigt den Stand der Unternehmenskultur zwischen „Traditionell" und „Modern" an, der bei der Telekom ebenfalls auf grün steht. So schnell lässt sich das Employer Branding extern darstellen. Gleichzeitig entsteht hier aber auch die große Gefahr, dass eben jede Meinung öffentlich kundgetan wird.

Wer schlechte Erfahrungen mit einem Arbeitgeber gemacht hat, findet schnell den Weg auf dieses Bewertungsportal. Davor die Augen zu verschließen, gleicht dem alten Kinderspiel: Wen ich nicht sehe, der sieht mich auch nicht. Die gute Nachricht lautet: Arbeitgeber haben die

---

[7] https://www.kununu.com/de/deutsche-telekom.

Möglichkeit, Bewertungen zu kommentieren und genau an dieser Stelle fängt das Employer Branding an. Sie können davon ausgehen, dass sich Bewerber auch auf diesen Portalen über einen Arbeitgeber informieren. Sie werden sich vor allem auch die schlechten Meinungen durchlesen und aus Ihrer Antwort darauf ableiten können, wie es um die interne Kommunikation bestellt ist.

Der Digitalverband Bitkom hat eine repräsentative Umfrage erstellt und darin die Frage beantwortet, wie wichtig solche Arbeitgeberportale bei der Entscheidung für einen Arbeitgeber sind.[8] Im Ergebnis kam heraus, dass jeder Dritte solche Arbeitgeberbewertungen liest und sich davon beeinflussen lässt – eben genauso wie von Hotelbewertungen und allem anderen, was im Netz einer Meinungsbildung ausgesetzt ist.

Es gibt einige wichtige Regeln, die beim Feedback auf Portalen wie kununu.de, Glassdoor & Co. beachtet werden sollten. Wenn Sie kommentieren, dann am besten jeden Beitrag. Wehren Sie sich nicht nur gegen negative Meinungen, sondern bedanken Sie sich auch für positives Feedback. Kommunizieren Sie klar und ehrlich und vermeiden Sie nichtssagende Phrasen. Leiten Sie konstruktives Feedback weiter an die Abteilungen, die es betrifft. Sie können daraus wiederum wertvolle Impulse für den Ausbau Ihrer internen Employer-Branding-Strategie gewinnen.

9.2.4 Hochschulmarketing

Das externe Employer Branding setzt genau dort an, wo potenzielle Mitarbeiter zum ersten Mal mit einem Unternehmen in Kontakt kommen. Dieser Erstkontakt ist prägend und sollte daher möglichst gelungen sein. Kaum ein Ort eignet sich besser für einen Erstkontakt mit High Potentials als die Hochschule.

Sie können hier einen ersten Kontakt zu Ihrer Zielgruppe aufbauen und Ihren Bekanntheitsgrad im akademischen Umfeld steigern. Für die Kontaktaufnahme bieten sich diverse Möglichkeiten an. So können Sie zum Beispiel Gastvorträge an der Fakultät halten, aus der Sie gerne Ab-

---

[8] https://www.bitkom.org/Presse/Presseinformation/Jeder-Dritte-liest-Arbeitgeber-Bewertungen--online.html.

solventen gewinnen möchten oder Werbung auf dem Campus machen. Stände im Foyer der Mensa ermöglichen Ihnen, mit Studenten ins Gespräch zu kommen und Werkstudenten zu gewinnen. Bieten Sie an, dass Bachelor- und Masterarbeiten in Ihrem Konzern betreut werden, entwickeln Sie Plakate oder Banner – einige Agenturen in Deutschland haben sich sogar auf das Hochschulmarketing spezialisiert und entwickeln individuell auf Sie abgestimmte Kampagnen.

9.2.5 Der Trend im Employer Branding: das grüne Unternehmen

Das Bewusstsein für Nachhaltigkeit und Klimaschutz durchdringt alle gesellschaftlichen Bereiche. Verbraucher achten zunehmend darauf, was sie kaufen, wie es hergestellt wird und ob ein Unternehmen Verantwortung trägt. Wer sich darauf einstellt, kann langfristig Kunden gewinnen und sie an eine Marke binden.

Dasselbe Prinzip funktioniert auch für Unternehmen. Verbraucher sind eben gleichzeitig auch Arbeitnehmer, die ihre Werte nicht nur auf den Konsum, sondern auch auf andere Bereiche des Lebens übertragen. Die Königsteiner Gruppe hat dazu 2020 eine Umfrage durchgeführt, wie wichtig das Thema Umweltbewusstsein bei der Jobwahl ist. Das Ergebnis der Befragung ist vor allem für den Bereich Employer Branding richtungsweisend. Fast 2/3 der insgesamt 3000 Befragten gaben an, dass die Haltung des Arbeitgebers zu Klimafragen ihnen wichtig ist. Dabei zog sich dieses Interesse durch alle Altersgruppen. Dabei gibt es sehr viele Maßnahmen, die Konzerne ergreifen können, um grüner zu werden.

Überprüfung der Lieferketten
Es macht unter dem Strich keinen Sinn, sich selbst nachhaltig aufzustellen, und dann auf Lieferanten zurückzugreifen, die davon noch weit entfernt sind. Nachhaltigkeit muss sich durch alle unternehmerischen Bereiche ziehen. Der Einkauf und die Zusammenarbeit mit Lieferanten darf nicht mehr nur unter rein ökonomischen Gesichtspunkten betrachtet werden, sondern auch unter dem Gesichtspunkt der Ökologie und des Employer Brandings.

Fuhrpark grüner machen
Schaffen Sie in der Belegschaft ein Bewusstsein dafür, dass nicht 500 Meter Arbeitsweg mit dem Auto zurückgelegt werden müssen. Prüfen Sie, ob Sie Ihren Fuhrpark auf strombetriebene Fahrzeuge, ÖPNV oder Fahrräder umstellen können.

CO_2-Verbrauch kompensieren
Jeder Konzern hinterlässt einen CO_2-Fußabdruck; das lässt sich nicht vermeiden. Sie können diesen aber kompensieren, indem Sie Bäume pflanzen oder etwas zur Reinigung der Meere tun. Wenn sich Flüge für einige Mitarbeiter nicht vermeiden lassen, dann können Sie diese über Anbieter wie Atmosfair kompensieren.

Nachhaltige Büromaterialien kaufen
Auch wenn immer mehr digital gesteuert wird, entsteht in jedem Büro weiterhin ein Verbrauch an Papier, Stiften und anderen Büromaterialien. Am besten, Sie nutzen hier nur Anbieter, die mit Recyclingpapier und recycelten Kunststoffen arbeiten. Außerdem können Sie auch Ihre Post klimaneutral verschicken.

Second-Hand-Büromöbel kaufen
Second-Hand-Büromöbel zu kaufen, ist keine übertriebene Sparmaßnahme, sondern ein positives Signal, dass Sie als Unternehmen verantwortungsbewusst handeln. Es gibt mittlerweile spezialisierte Anbieter auf dem Markt, die Möbel aus zweiter Hand verkaufen, die noch makellos sind.

Dies ist nur eine winzige Auswahl der Möglichkeiten, die Ihnen zur Verfügung stehen, um ein Green Office einzurichten. Finden Sie Ihren eigenen Weg zu einer nachhaltigen Unternehmenskultur.

Ihr Transfer in die Praxis
- Leben Sie eine positive Unternehmenskultur
- Lassen Sie Ihre Arbeitgebermarke von innen heraus wachsen
- Sorgen Sie für eine emotionale Bindung der Mitarbeiter an Ihr Unternehmen
- Arbeiten Sie an einer modernen Führungskultur
- Präsentieren Sie sich als Arbeitgeber auf relevanten Kanälen in der Öffentlichkeit

Literatur

Michalik, M: Googles Erfolgsrezept einfach erklärt. https://www.computerwoche.de/a/googles-erfolgsrezept-einfach-erklaert,3547191. Zugegriffen 27. August 2021.

Wellnitz, J.: Wie wird man Top Voice auf Linkedin, Herr Younosi? https://www.humanresourcesmanager.de/news/sap-cawa-younosi-interview-wie-wird-man-top-voice-auf-linkedin.html. Zugegriffen: 27. August 2021.

Wolckenhaar, G.: Clubhouse für alle: Wie steht es eigentlich um die Social-App? https://t3n.de/news/hype-um-clubhouse-diese-1349947/. Zugegriffen: 27. August 2021.

Pudimat, M: Arbeitgeberbewertungsportale zum Employer Branding nutzen. https://www.humanresourcesmanager.de/news/arbeitgeberbewertungsportale-zum-employer-branding-nutzen.html. Zugegriffen: 27. August 2021.Der Trend im Employer Branding: Das grüne Unternehmen

Lechtape, M: Employer Branding for Future? https://www.humanresourcesmanager.de/news/employer-branding-entrepreneurs-for-future.html. Zugegriffen: 27. August 2021.

Schlusswort

Was Sie aus all diesen Kapiteln zum Thema Employer Branding hoffentlich mitgenommen haben ist die Tatsache, dass es weitaus mehr ist als nur ein Instrument zur Mitarbeiterrekrutierung oder ein Kostenfaktor, der in den Bilanzen abgeschrieben werden muss. Was auch klar geworden sein sollte ist der Umstand, dass Employer Branding nicht einem Projekt gleichgestellt werden kann, das einen gewissen Zeitraum in Anspruch nimmt und dann abgehakt werden kann. Employer Branding ist ein Prozess, der Sie – hoffentlich – von heute an begleiten wird.

In diesem Buch habe ich speziell die Situation der Konzerne betrachtet, auf welche Herausforderungen sie beim Thema treffen und welche Lösungsansätze Ihnen dafür zur Verfügung stehen. Aus den Best-Case-Beispielen geht hervor, dass dies auch in der Praxis umsetzbar ist.

Um eine Employer-Branding-Strategie zu entwickeln, muss ein Unternehmen immer individuell betrachtet werden. Es gibt leider keine fertige Schritt-für-Schritt-Anleitung, die nacheinander erfüllt werden muss, um am Ende bei 100 % zu sein. Sie erhalten aus diesem Buch allerdings wertvolle Impulse, die Sie in Ihren Konzern tragen, dort diskutieren und im Idealfall etablieren können. Ich wünsche Ihnen viel Erfolg dabei.

The manufacturer's authorised representative in the EU is Springer Nature Customer Service Centre GmbH, Europaplatz 3, 69115 Heidelberg, Germany. If you have any concerns regarding our products, please contact ProductSafety@springernature.com

Printed and bound by CPI Group (UK) Ltd, Croydon, CR0 4YY
23/03/2026
02076465-0002